ENCONTROS COM O MESTRE I
PAUSA PARA REFLEXÃO

Editora Appris Ltda.
1.ª Edição - Copyright© 2024 dos autores
Direitos de Edição Reservados à Editora Appris Ltda.

Nenhuma parte desta obra poderá ser utilizada indevidamente, sem estar de acordo com a Lei nº 9.610/98. Se incorreções forem encontradas, serão de exclusiva responsabilidade de seus organizadores. Foi realizado o Depósito Legal na Fundação Biblioteca Nacional, de acordo com as Leis nᵒˢ 10.994, de 14/12/2004, e 12.192, de 14/01/2010.

Catalogação na Fonte
Elaborado por: Josefina A. S. Guedes
Bibliotecária CRB 9/870

B816e
2024
	Branco, Clécio Ferreira
	    Encontros com o mestre I: pausa para reflexão / Clécio Ferreira Branco. – 1. ed. – Curitiba: Appris, 2024.
	    167 p. ; 213cm.
	
	    ISBN 978-65-250-5934-1
	
	    1. Amor. 2. Compaixão. 3. Felicidade. 4. Bem-estar. I. Título.
	                                                                                                                                                                 CDD – 158.1

Livro de acordo com a normalização técnica da ABNT

Appris
editora

Editora e Livraria Appris Ltda.
Av. Manoel Ribas, 2265 – Mercês
Curitiba/PR – CEP: 80810-002
Tel. (41) 3156 - 4731
www.editoraappris.com.br

Printed in Brazil
Impresso no Brasil

Clécio Ferreira Branco

ENCONTROS COM O MESTRE I
PAUSA PARA REFLEXÃO

FICHA TÉCNICA

EDITORIAL	Augusto Coelho
	Sara C. de Andrade Coelho
COMITÊ EDITORIAL	Marli Caetano
	Andréa Barbosa Gouveia - UFPR
	Edmeire C. Pereira - UFPR
	Iraneide da Silva - UFC
	Jacques de Lima Ferreira - UP
SUPERVISOR DA PRODUÇÃO	Renata Cristina Lopes Miccelli
PRODUÇÃO EDITORIAL	Bruna Holmen
REVISÃO	Andrea Bassoto Gatto
	Shirley Lima
DIAGRAMAÇÃO	Bruno Ferreira Nascimento
	Lilian Neves
CAPA	Rafael Branco
ADAPTAÇÃO DA CAPA	Mateus Porfírio

A todos que tenho visto, ouvido e sentido na clínica. Esses corajosos que ousaram falar da angústia e do medo, os mesmos que me fizeram não ter medo da angústia.

AGRADECIMENTO

Gratidão ao Marcos Trindade e a Josiane Trindade. A ele, por realizar um sonho que leva junto os amigos. A ela, por imprimir no espaço dos "sonhos" a suavidade de suas mãos delicadas. E, por fim, à família Trindade, que criou o RITUAALI, lugar paradisíaco de *BONS ENCONTROS* que curam o ser todo.

PREFÁCIO

Neste terceiro milênio, após imensa expectativa, mais uma inaugural obra do psicólogo, filósofo e teólogo Clécio Branco, estudioso contumaz, vocacionado a ensinamentos expansivos, é presenteada ao universo das letras, oportunizando aos interessados no progresso pessoal e social, no pensamento crítico, na cultura e no bem da humanidade, sentirem-se numa elite intelectual, tamanha as vastas ideias subliminares que contém.

Em sua nítida preocupação com a ética e com o valor verdade, os quais se mostram entrelinhas do texto, expressados e por vezes obliquamente citados em cada capítulo, professor Clécio desperta o leitor à honestidade contra deturpações, sem medo de destacar a escória da escória.

Encontros com o Mestre reforça como fontes de ética têm o poder de harmonia e equilíbrio, algo não fácil de se achar em cliques de redes sociais, na superficialidade para a qual parte da população caminha. A obra é um freio necessário para pausa, análise, reflexão, para que possamos enxergar o que realmente está em nosso interior e na sociedade, o que realmente importa. Um freio na recessão democrática e na alienação, um impulsionamento na democratização da sabedoria e do conhecimento. Uma oportunidade para conhecermos nossas fraquezas e fortalezas, enganos e desenganos, ao explicar o sentido e alcance de passagens da Bíblia, que "[...] *pode ser lida como um livro de filosofia, literatura ou psicologia*" (o autor).

Denso e contestador, dentre outros méritos, o livro aborda variados temas, muitos deles universais, com os quais o leitor vai certamente identificar-se. Um livro para ser relido ao longo dos anos, possibilitando-nos enxergar, no decorrer de nossas andanças e próprias experiências de vida, cada vez mais a amplitude de aplicabilidade e identificação nos temas abordados, com um conteúdo que faz perceber que o conhecimento é realmente infinito.

Seria um desperdício se Clécio, profissional notoriamente tão querido em setores variados, desde família, passando pela comunidade, igreja, sistema de justiça, rede de ensino, clínica de saúde e no que seja possível transpassar, não publicasse esta obra.

Em cada capítulo, como lhe é peculiar, o autor, com sua vontade de ajudar ao próximo, contesta corajosamente dogmas e desperta para elucidações até então despercebidas ou adormecidas, tais como o *status quo* por instituições inescrupulosas, o juízo moral e como crenças religiosas podem ser perigosas fontes de conflitos.

O livro reflete, para quem conhece o autor, sua imensa cultura, cientificidade, profundidade, domínio, a exemplo de trechos em que cita com precisão gênios da humanidade, como as cosmopolitas iniciativas de Copérnico, Darwin e Freud, em ideias que se entrelaçam com doutores como os clássicos Deleuze, Nietzsche e Kafka, dentre outros.

Este liame e entrelaçamento entre as passagens bíblicas, a filosofia, a psicologia e demais fontes de conhecimento, resultaram nesta sistematização, que organiza o psiquismo do leitor. Uma obra perfeitamente passível de disseminação por diversas formas, como livro, filme, curta, série, podcast, palestra, entrevista, sem prejuízo das afetuosas conversas entre familiares e amigos, apropriadas a qualquer dia e hora.

Alessandra de Souza Araujo
Bacharel pela UERJ em 1996
Ex-Delegada de Polícia do RJ (1998)
Ex-Defensora Pública do RJ (1999-2005)
Juíza de Direito do RJ (desde 2006), atualmente titular da 1ª Vara de Araruama
Mestranda pela UERJ (recém aprovada para 2024, grata pela imensa eterna ajuda)

SUMÁRIO

Introdução 14
Existe uma filosofia cristã? 15

1 Os discípulos 20

2 A mulher samaritana 24
2.1 Um flerte amoroso entre Jesus e a samaritana? 28
2.2 Pausa para pensar 31
2.3 De volta ao texto 35

3 A mulher com hemorragia 38
3.1 Pausa para pensar 40
3.2 De volta ao texto 41

4 Os pescadores 56
4.1 Pausa para pensar 61
4.2 De volta ao texto 64

5 O filho pródigo 68
5.1 Pausa para pensar 71
5.2 De volta ao texto 74
5.3 Experimentadores com a própria vida 76

6 A mulher adúltera 80
6.1 Pausa para pensar 81

7 O paralítico de betesda 90
7.1 Pausa para pensar 94
7.2 De volta ao texto 95

8 Pedro 98

9 Maria e marta 106
9.1 A ansiedade hoje 111

10 O mestre e as crianças I 116

11 O mestre e as crianças II 122
11.1 A arte da guerra nos domínios da cartografia 125

12 O bom samaritano 130

13 O juiz iníquo 146
13.1 De volta ao texto 147
13.2 O juizado na perspectiva da literatura: uma pausa no texto 149
13.3 O juiz iníquo – a persistência da vontade........................... 157

Conclusão 160

Referências 162

INTRODUÇÃO

O homem não pode viver sem uma permanente confiança na existência de algo indestrutível dentro de si. Tanto a indestrutibilidade como a confiança funciona como um abrigo permanente. Um modo de expressão desse estar abrigado é a crença em um Deus pessoal.
(Franz Kafka)[1]

---

[1] KAFKA, Franz. *28 desaforismos*. Tradução de Silveira de Souza. Florianópolis: Editora da Universidade Federal de Santa Catarina, 2011, p. 55.

EXISTE UMA FILOSOFIA CRISTÃ?

Sem dúvida, é possível afirmar que existem filósofos cristãos e teólogos com um pensamento filosófico: Tomás de Aquino (1225-1274), Jean Duns Scoto (1266-1308), Blaise Pascal (1623-1662), Søren Aabye Kierkegaard (1813-1855), entre muitos outros. São pessoas que, quando estão filosofando, fazem refletir o compromisso que têm em relação às suas crenças, o que, em certo sentido, tem o potencial de comprometer o exercício do pensamento livre. Um deles, em especial, que não é considerado filósofo, criou um sistema que, assim como Platão, dominou o Ocidente: São Paulo, autor de *Atos dos Apóstolos* e das *Epístolas Paulinas*.

São Paulo, se tomado como filósofo, tem as prerrogativas de um Platão traduzido para o povo. Em outras palavras, aquilo que Platão teoriza em seu *motivo* de seleção das cópias bem-fundadas (Teoria das Ideias), guarda forte semelhança com a cristologia paulina. Platão, com as ideias ícones; São Paulo, com Cristo, o modelo. São Paulo também apresenta ideias com bons princípios, tendo Cristo como o fundamento da Lei.

Platão, por sua vez, tenciona distinguir entre a essência e a aparência, o inteligível e o sensível, a ideia e a imagem falsificada, o original e a cópia, o modelo ideal e o simulacro falsificante. Com essa Teoria das Similitudes, Platão funda um sistema de juízo: submeter as cópias às imagens ícones com o propósito de separar as falsas cópias das cópias semelhantes. Ele quer estabelecer modelos na Terra com base nos ícones do mundo das ideias.

São Paulo faz o contrário: o modelo já se encontra na Terra e desloca-se para o Céu. Ele faz uma reversão platônica pela metade, mantendo a lógica da seleção, e estabelece um juízo. No entanto introduz um elemento novo: a graça de Cristo, o modelo ideal. Se tomarmos o sistema paulino como uma filosofia de inspiração platônica, seria tido como um *platonismo prático*. As abstrações platônicas carecem da imortalidade da alma. As ideias ícones de Platão subsistem à memória das almas daqueles que, após a morte, entraram em contato com o mundo dos modelos ideais e, ao retornarem ao mundo sensível (Terra), trazem-nas consigo em forma de reminiscências.

São Paulo submete o juízo ao modelo de perfeição do Cristo suspenso, eterno e imutável. São Tomás de Aquino faz a mesma divisão em sua *Cidade de Deus* em cima e a cidade dos homens embaixo. Em São Paulo, Céu e Terra confundem-se com o mundo inteligível e o mundo sensível da filosofia de Platão. De algum modo, filosofia e teologia entrelaçam-se na história das mentalidades. Há uma diferença na dialética paulina, se trata do conflito irreconciliável da carne e do espírito. Na filosofia platônica pensar é relembrar, reminiscências do verdadeiro em contraposição às cópias. A dialética é a seleção das ideias ícones em relação à imitação falsificada.

O apóstolo, seguindo Cristo, funda uma *ética prática*. Cristo é o Ser de carne e osso, mas funde o eterno com a imortalidade daqueles que a ele se assemelham. A imortalidade só se dá por meio da graça do Cristo que ressuscitou. Nos *Atos dos Apóstolos*, Cristo é o ressuscitado que sobe ao Céu. Portanto o modelo da cristologia paulina encontra-se na terra na forma humana, caminha entre os homens, sente dor, apresenta as mesmas necessidades humanas e conhece o desespero dos homens, a finitude e o desamparo. Mas, ao mesmo tempo, Jesus é divino e humano. E morre para abrir as portas da imortalidade aos que nele creem.

Na ressurreição, Cristo assume, em definitivo, sua forma divino-humana. Não morre mais; é um com o pai. O erro na história da filosofia e na teologia é a transformação do Cristo sublime em um sistema de juízo moral. Forjamos a cultura do juízo. De Platão a Santo Inácio, filosofia e religião fundiram-se a serviço da cultura, usando como instrumentos a culpa, o castigo e o juízo subjetivo. A graça do Cristo na cruz não ficou a serviço da libertação, mas funcionou como instrumento subjetivo de culpa e castigo.

Toda atividade do Cristo, independentemente de ser um homem mortal ou um homem-Deus, é torná-lo um juiz ao estilo antigo. Aquele que julga, condena e queima com fogo e enxofre os desobedientes e os diferentes. E quando filosofia e religião fundiram-se em forma de subjetivação, criaram a psicologia do ressentimento, mas não sem antes criarem a alma da má-consciência.

> Nesse sentido, vale a penetrante observação de Brobjer: "O mesmo se aplica a religião, moralidade, filosofia etc. – elas são, por derradeiro, fisiologicamente fundadas, porém, como crenças conscientes e semiconscientes, elas afetam nossa interpretação do mundo e nossa fisiologia. Nietzsche não era estranho a como crenças espirituais podem influenciar a fisiologia, por exemplo, na forma de doença e doença mental, e ele sustenta que perspectivas podem, via hábito, se tornar instinto".[2]

---

[2] GIACOIA JR., Oswaldo. *Nietzsche como psicólogo*. Rio de Janeiro: Zahar, 2006, p. 13.

Cristo andou no mundo mostrando o contrário: a face amorosa do *homo* Deus. Em sua tábua de regras constam conselhos de saúde e bem-estar. Ele é o caminhante que faz o caminho florescer. Atraiu para si as crianças, as mulheres esquecidas, os doentes abandonados, os desvalidos e os pecadores. Essa atitude suscitou o ódio e o ressentimento denunciado por Nietzsche em sua psicologia do ressentimento. Os homens do ressentimento são aqueles de memória rígida, os homens incapazes de esquecer. São os que se ressentem indefinidamente e, por sentirem, vez após vez, as memórias daquilo que já sentiram no passado, culpabilizam o outro e arquitetam vingança. São os fracos que planejam a vingança. Por essa razão, o perigo do mundo não reside nos fortes; em verdade, devemos temer os fracos, aqueles que nutrem a vingança com seu ressentimento.

A questão é não recair na moral do juízo que julga cópias malformadas em relação aos modelos. A cristologia "fracassa" na cristandade por tal motivo vil: o de fazer do Cristo um aglutinador da alma coletiva, pregando a submissão e a renúncia da vontade, submetendo a vida à ideia igualmente platônica. Mas o cristianismo do Cristo triunfaria se tão somente a graça se subsumisse à salvação – não em um futuro que nunca chega, numa base mercantil de troca que fez nascer uma deformação teológica de uma suposta prosperidade capitalista. Por outro lado, fez das Boas-Novas uma velha triste e chorosa. Assim, faz da vontade humana uma vontade de nada para, em seguida, vender o bálsamo.

Os encontros com o mestre mostram a salvação da angústia na afirmação da vontade de viver, ainda que na Terra (o reino de Deus está entre vós), e que essa terra seja definitivamente a terra do porvir. Não se trata de uma terra de lamentação, de uma vida de nojo à terra, mas, sim, da terra da boa-nova, aquela terra em que nascem o trigo e o pão. Não se trata do Cristo eternamente pendendo da cruz, mas do Cristo que, na solidão de seus diálogos com os discípulos, a mulher samaritana, a mulher com hemorragia, os pescadores, o filho pródigo, a mulher adúltera, o paralítico de Betesda, Pedro, Maria e Marta, as crianças, o bom samaritano e o juiz iníquo, esboça ideias de afirmação da vida. Ele mostra que a vida é, antes de tudo, o objeto de toda a sua ação. As ideias não são maiores do que a vida, pois é a vida que cria as ideias. As ideias são apenas meios para que a vida possa crescer e expandir-se. Ideias não podem mandar na vida como se existissem antes da própria vida.

Como diria Nietzsche, a vida potencializa as ideias e elas, por sua vez, devem afirmar a vida. Uma ideia não pode submeter a vida a um julgamento.[3] Se São Paulo não é filósofo, no mínimo seu sistema tem consequências filosóficas. Se Platão não é cristão, no mínimo suas ideias presentificam-se na cristandade. Trata-se de tomar Platão com seus pressupostos teológicos e perceber, ao mesmo tempo, o que existe de filosófico no apóstolo dos gentios. No meu entender, um e outro acabam por criar uma linha indiscernível entre os dois saberes. Um cristianismo com ares de uma filosofia suspeita e uma filosofia que serve a um cristianismo de Estado.

Pausa para pensar com Kafka:

> Ele é um cidadão da terra, livre e seguro, pois está ligado a uma corrente suficientemente longa para fazer com que todas as áreas lhe sejam acessíveis sem restrições e, no entanto, longa apenas na medida em que nada pode forçá-lo a ir além dos confins da terra. Ao mesmo tempo, porém, ele é um livre e seguro cidadão do céu, ao qual de modo semelhante, também está ligado por uma corrente calculada. Se deseja descer à terra, é sufocado pela corrente celeste presa ao seu pescoço, como uma coleira; se deseja elevar-se ao céu, é sufocado pela corrente terrena. E, não obstante, tem ele todas as possibilidades e assim o sente; na verdade, ele se recusa até a explicar todo o conjunto como um erro no acorrentamento original.[4]

---

[3] "A afirmação da vida, da realidade, que caracteriza a arte trágica, é a afirmação da aparência, porque a própria vida é aparência" (MACHADO, Roberto. *Nietzsche e a verdade*. São Paulo: Paz e Terra, 2017).

[4] KAFKA, 2011, p. 57.

1
OS DISCÍPULOS

E [Gamaliel] disse-lhes: Homens israelitas, acautelai-vos a respeito do que haveis de fazer a estes homens, porque antes destes dias levantou-se Teudas, dizendo ser alguém; a este se ajuntou o número de uns quatrocentos homens; o qual foi morto, e todos os que lhe deram ouvidos foram dispersos e reduzidos a nada. Depois deste levantou-se Judas, o galileu, nos dias do alistamento, e levou muito povo após si; mas também este pereceu, e todos os que lhe deram ouvidos foram dispersos. E agora digo-vos: Dai de mão a estes homens, e deixai-os, porque, se este conselho ou esta obra é de homens, se desfará, mas, se é de Deus, não podereis desfazê-la; para que não aconteça serdes também achados combatendo contra Deus.

(Atos 5.35-39)

Os discípulos são clássicos, não podem admitir uma possibilidade fora do sistema lógico do pensamento e partilham a velha forma ao estilo "se eles não estão conosco estão contra nós". Os discípulos são a árvore, o princípio lógico que fundamenta o dogma e a opinião. Jesus é o rizoma que conecta raças, línguas e povos; ele é veloz, caminha entre pecadores e senta-se com eles à mesa.

Jesus trabalha segundo uma lógica aberta e inclusiva; os discípulos, por sua vez, insistem no fechamento exclusivo e excludente. Cristo é moderno, líder e sábio. Por isso a conclusão é de outra lógica, de outra ordem. Lembra os bons líderes do nosso tempo ou, ao contrário, os bons líderes é que remetem a Cristo. Ele permite experimentos – se for bom, vai crescer e ninguém poderá deter. Ele é simples, muito simples, por isso talvez seja incompreensível aos sábios de seu tempo.

A preocupação dos discípulos consistia na forma e não no conteúdo da verdade. Em suma, resumia-se à vaidade de pensarem na aquisição de um direito absoluto sobre disseminar a verdade. Demonstravam incômodo em relação ao descontrole ou à autoridade para pregar verdades. Os discípulos aspiravam ao monopólio da pregação como um sistema de poder. Viam-se incomodados e enciumados por haver outras pregações e outras narrativas além das suas. Mas não existe monopólio das verdades e os direitos adquiridos são uma presunção, uma vaidade.

Não existem donos de verdades. E aquele não era o único lugar no qual verdades estavam sendo ditas. E mais: o conteúdo das verdades expressa-se de muitas formas e por meio de muitos povos e diferentes culturas. Ao mesmo tempo em que Gamaliel diz "Deixai-os, porque, se este conselho ou esta obra é de homens, se desfará", está também dando um conselho que deveria acalmar e apaziguar os confrontos inúteis. A vaidade dita antes, por Salomão, estava abrigada no recôndito de suas almas – essa vontade de cada um ser o dono da verdade. Eles esperavam aplicar o axioma do adestramento a quem desejasse pregar a bondade além do que definiam como bondade. Destruir as forças instintivas pelas forças transmitidas, esta é a lógica do sistema árvore-raiz: se eles não falarem segundo o que nós estamos ensinando, serão renegados e perseguidos. Quem lhes disse que a verdade tem dono? Que é absoluta e reduzida a um grupelho? A verdade é dinâmica e escapa ao controle. Os paranoicos no poder agem em nome de verdades e todas as vítimas de verdades sofreram torturas cruéis e foram mortas por verdades que já não existem mais. Existe uma verdade que atravessa a história, a verdade que Cristo veio defender. A vida e seu valor. "O homem-Deus" não morreu por ideias; ele morreu para resgatar a vida que se perdeu.

Seria muito "redutor" pensar que o berço da verdade sobre a vida estaria restrito a um lugar ou a um grupo de indivíduos. Sem refletir sobre essa questão, somos levados a imaginar que o mundo reduzir-se-ia àquele pequeno espaço geográfico – a Galileia – e àqueles poucos indivíduos que seguiam Cristo. Aqui, já se percebe o sentido de inclusão e de comunhão que a ética do cristianismo primitivo pressupõe: distribuir o bem não passível de monopólio entre alguns.

O contrário dessa posição está em *A ordem do discurso*: "Essa vontade de verdade, como os outros sistemas de exclusão, apoia-se sobre um suporte institucional", algo a que Cristo viria a opor-se mais adiante.[5] A vontade da verdade vem acompanhada da vontade de julgar, e a presunção de ser juiz da verdade sobre o direito de julgar é antigo, por isso clássico. Ser mais justo do que a justiça.

No Antigo Testamento, Jonas colocou-se nessa condição de juiz sobre a população de Nínive. Ele desejou a destruição da cidade, representando a vontade de julgar acima de Deus. O que é ser clássico? Em filosofia, é falar e pensar segundo os princípios da raiz da representação. Os discípulos são clássicos porque aspiram por uma identificação com as raízes de suas crenças. Eles têm dificuldade para perceber a reversão do clássico operada pelo Cristo. Em outro momento, Jesus vai dizer: "Ouvistes o que foi dito aos antigos? […] Eu, porém, vos digo…"[6]. Jesus desejou mostrar-lhes a causa da decadência ao permanecerem presos à antiga ordem.

---

[5] FOUCAULT, Michel. *A ordem do discurso*. Tradução de Laura Fraga de Almeida Sampaio. São Paulo: Edições Loyola, 1970, p. 17. [1970].
[6] Bíblia Sagrada, São Mateus, 5, 21, 22.

2

A MULHER SAMARITANA

Tu és a tarefa. Nenhum discípulo nos arredores.
(Franz Kafka)

Faz-se necessário proceder a um breve recuo histórico para compreender a rivalidade entre judeus e samaritanos.

> Samaria foi capital do reino do norte de Israel, situada a 91 metros de altitude e a 57 quilômetros ao norte de Jerusalém. No período de 1908 a 1910, o local foi escavado pelos arqueólogos de Harvard G. A. Reisner e Clarence S. Fischer. Em 1931 (até 1935), voltou a ser escavado por W. J. Crowfoot".[7]

As pesquisas apontam que as primeiras ocupações e obras foram realizadas pelo rei Onri e, depois, por seu filho Acabe. Onri adquiriu aquela região de colina e, ali, definiu a capital do reino. Essa referência encontra-se em 1Reis 16.24.[8] Os pesquisadores desenterraram as ruínas do palácio de Onri, no alto da colina. Em seguida, escavaram e encontraram as fundações do palácio de Acabe – estrutura maior que a anterior. "Em alguns deles estavam representados o loto, os leões, as esfinges e os deuses Ísis e Hórus, o que indica a forte influência do Egito sobre Israel nessa época".[9] Referências do texto sagrado podem ser encontradas em 1Reis 22.39; Amós 6.1-4; e Amós 3.15. Essas referências conferem com os fragmentos de marfim encontrados nas escavações arqueológicas realizadas pelos pesquisadores de Harvard.

Jesus escolheu um platô no qual tudo teve início – "o lugar dos começos", nunca o lugar dos fins ou mesmo do final. A escolha é estratégica para empreender um recomeço. Ele é o homem dos recomeços como ponto de uma reversão ao seu modo. Ele não quer criar partido – nem dos samaritanos, nem dos judeus. Ou seja, nem isso ou aquilo, nem excludente, nem inclusivo, pelo menos nesse contexto. O objetivo é desfazer as crenças arraigadas nos dois povos e imprimir às relações uma perspectiva mais refinada.

O encontro acontece na Palestina, que, nesse tempo, estava dividida em três províncias: a Galileia, ao norte; a Samaria, no meio; e a Judeia, ao sul. Havia um clima de inimizade entre judeus e samaritanos. Os judeus

---

[7] *Bíblia de Referência Thompson*. São Paulo: Vida, 1996, p. 1.567.

[8] "Por setenta quilos de prata ele comprou de Sêmer a colina de Samaria, onde construiu uma cidade, a qual chamou Samaria, por causa de Sêmer, o nome do antigo proprietário da colina".

[9] *Bíblia de Referência Thompson*, 1996, p. 1.567.

evitavam Samaria na passagem norte-sul e sul-norte e optavam por uma viagem mais longa, seguindo pela parte oriental do Rio Jordão. Jesus escolheu a viagem mais curta, de três dias, passando por Samaria. Esse era o lugar do poço de Jacó – pai de todos eles. E esse poço era uma doação, um lugar de parada dos viajantes para matar a própria sede e a sede dos animais, sendo a água um símbolo de vida e renascimento. Esse é o lugar que o povo recebeu de Jacó, o lugar no qual os judeus, os samaritanos ou qualquer viajante encontram água para matar a sede.

É Jesus quem escolhe o caminho que vai seguir, e essa é uma característica dos aristocratas (modelo grego), ou seja, eles autodeterminam-se, escolhem viver suas escolhas, assumindo-as por inteiro. Havia riscos, claro, mas Jesus escolheu os riscos – ele tinha um propósito determinado com os riscos da escolha. A rivalidade com os samaritanos era antiga. Segundo Juan Arias:

> Os judeus haviam destruído o templo samaritano do Monte Gerizim no ano de 128 a.C. Por sua vez, alguns samaritanos profanaram o templo judeu de Jerusalém durante as festas da Páscoa e espalharam ossos humanos pelo pátio. Samaria, que originalmente partilhava a epopeia do povo judaico, e foi onde o patriarca Jacó enterrara José, seu filho predileto, era povoada por colonos sírios que se misturaram com os hebreus, dando lugar a uma raça mista e ao ecletismo religioso. Daí a inimizade com os judeus, seus antigos irmãos.[10]

Esse era o motivo para os judeus evitarem Samaria, mas também foi o que levou Jesus a escolher passar por lá. Ele tinha o propósito de plantar uma semente na cidade com o fim de iniciar um processo de unificação espiritual.

---

[10] ARIAS, Juan. *Jesus*: esse grande desconhecido. Rio de Janeiro: Objetiva, 2001, p. 47.

> Era-lhe necessário passar por Samaria. Assim, chegou a uma cidade chamada Sicar, perto das terras que Jacó dera a seu filho José. Havia ali o poço com o nome do patriarca. Jesus, cansado da viagem, sentou-se à beira do poço. O que se deu por volta do meio-dia. Nisso veio uma mulher samaritana tirar água. Ao que disse-lhe Jesus: "Dê-me um pouco de água". (Os seus discípulos tinham ido à cidade comprar comida.) A mulher samaritana lhe perguntou: "Como o senhor, sendo judeu, pede a mim, uma samaritana, água para beber?" (Pois os judeus não se dão bem com os samaritanos).

Segundo Juan Arias, era mais que isso: "A relação aberta que [Jesus] teve com as mulheres numa época em que, no seio de uma religião como a judaica, a mulher era vista como um ser inferior e à inteira disposição do homem, a ponto de ser considerada seu 'colchão'".[11] Assim, esse modo de relacionar-se com elas seria considerado pelos moralistas uma blasfêmia ofensiva. Nesse tempo de extremo patriarcalismo, os maridos eram considerados o Sol e as mulheres a Lua, ou seja, elas não tinham luz própria. A Lua reflete a luz do Sol.

Alguns autores defendem que nesse episódio houve um flerte dirigido a Jesus pela samaritana. Juan Arias (2012) e Françoise Dolto (em entrevista concedida a Séverin, em 1979) são dois exemplos disso. Sem dúvida, Jesus devia ser um homem em cuja presença qualquer pessoa gostaria de estar. Afinal, a conversa passa-se entre um homem e uma mulher – e homem judeu e mulher samaritana tradicionalmente não se falavam. E Jesus fez questão de estar com ela sem a presença incômoda dos discípulos. Eles, inclusive, mostraram-se inconvenientes assim que chegaram, surpreendendo-se com o fato de Jesus estar conversando com uma mulher – e, ainda por cima, samaritana.

Era a hora sexta, meio-dia, muito calor, sede, e havia um poço de água fresca. "Os discípulos haviam ido à cidade comprar provisões e Jesus estava só".[12] Não seria coincidência, nem acaso, o fato de Jesus ter enviado os discípulos para poder ficar sozinho, levando em consideração a limitação intelectual e emocional de seus seguidores. "Os judeus não tratavam com os samaritanos",[13] diz Juan Arias. Jesus é um revolucionário, mas não no

---

[11] *Ibidem*, p. 155.
[12] ARIAS, 2011, p. 47.
[13] *Ibidem*, p. 48.

sentido banal do termo. Sua revolução é silenciosa e se passa no coração e na mente de seus interlocutores. Ele está convidando as pessoas a "adorarem a Deus em espírito e em verdade, no silêncio de suas consciências".[14]

2.1 UM FLERTE AMOROSO ENTRE JESUS E A SAMARITANA?

Jesus lhe respondeu: "Se você conhecesse o dom de Deus e quem está pedindo água, você lhe teria pedido e dele receberia água viva". Disse a mulher: "O senhor não tem com que tirar água, e o poço é fundo. Onde pode conseguir essa água viva? Acaso o senhor é maior do que o nosso pai Jacó, que nos deu o poço, do qual ele mesmo bebeu, bem como seus filhos e seu gado?". Jesus respondeu:

"Quem beber desta água terá sede outra vez, mas quem beber da água que eu lhe der nunca mais terá sede. Ao contrário, a água que eu lhe der se tornará nele uma fonte de água a jorrar para a vida eterna". A mulher lhe disse: "Senhor, dê-me dessa água para que eu não tenha mais sede, nem precise voltar aqui para tirar água". Ele lhe disse: "Vá, chame o seu marido e volte". "Não tenho marido", respondeu ela. Disse-lhe Jesus: "Você falou corretamente, dizendo que não tem marido. O fato é que você já teve cinco; e o homem com quem agora vive não é seu marido. O que você acabou de dizer é verdade". Disse a mulher: "Senhor, vejo que és profeta. Nossos antepassados adoraram neste monte, mas vocês, judeus, dizem que Jerusalém é o lugar onde se deve adorar". Jesus declarou: "Creia em mim, mulher: está próxima a hora em que vocês não adorarão o Pai nem neste monte, nem em Jerusalém.

---

[14] *Ibidem*, p. 49.

> Vocês, samaritanos, adoram o que não conhecem; nós adoramos o que conhecemos, pois a salvação vem dos judeus. No entanto, está chegando a hora, e de fato já chegou, em que os verdadeiros adoradores adorarão o Pai em espírito e em verdade"[15].

Há outro aspecto que deve ser levado em consideração aqui. Não era permitido às mulheres estudarem as Escrituras, mas a conversa dá-se em torno do conhecimento do texto sagrado. Em verdade, Jesus está abrindo para a samaritana as janelas de um conhecimento que era domínio exclusivo dos homens.

> Ele rompe, em relação às mulheres, com todos os tabus vigentes, numa época em que elas não podiam ser colocadas no mesmo plano que o homens [...]. Jesus não acata a situação de inferioridade das mulheres de seu tempo e as trata de igual para igual, esquecendo todas as proibições de que eram alvo e associando-as à sua vida pública com absoluta normalidade.[16]

Como conceito, escolho o desejo: o diálogo tem o desejo como pano de fundo. O desejo confundido com necessidade. Necessidades e objetos reais, desejo e objetos fantasmáticos, espaço e tempo, tudo isso perfaz a dualidade do diálogo entre Jesus e a samaritana, homem e mulher, Judeia e Samaria. A água é objeto de uma necessidade; o sexo é uma necessidade; e os amantes são objetos da necessidade sexual. É preciso forjar outra coisa, algo acima das nacionalidades, do regionalismo e dos objetos sexuais para superar tais questões.

Não é moral, teremos que repetir sempre, não é do campo moral. É ética e saúde. "Se me dás água, no mesmo gesto dou-te outra água".[17] Existe

---

[15] Bíblia Sagrada, João 4.10-24.
[16] *Ibidem*, p. 155.
[17] DOLTO, Françoise; SÉVÉRIN, Gerard. *O evangelho à luz da psicanálise*. Tradução de Isis Maria Borges. Rio de Janeiro: Imago, 1979, p. 40.

uma vida de desejo e uma vida de necessidade. Jesus está conduzindo o desejo porque a necessidade misturou-se ao desejo. O diálogo é complexo, pois ainda se seguirá a narrativa dos discípulos que estão retornando da cidade. É provável que ele os tenha enviado para ter a liberdade de conversar a sós com a samaritana e contar com sua atenção plena.

Os discípulos voltam com a comida e a versão de João é muito boa. Nesse jogo dual há o mundo das coisas materiais e o mundo das coisas espirituais – mundo que inclui a percepção refinada das coisas materiais. Assim, diz Jesus: "Foram os outros que tiveram o trabalho de cultivar este alimento, de transformá-lo e vós só tendes que consumi-lo. Vós consumis as coisas fabricadas por outros que se esgotaram de cansaço e vós aproveitais do seu cansaço".[18]

Lembrar-se de como o alimento chega à mesa é uma forma de gratidão. Há toda uma cadeia produtiva, da semeadura à colheita: transporte, comércio e entrada dos alimentos nas casas. Um longo trabalho esquecido, mas por ele honrado. As mãos dos trabalhadores que suaram e esforçaram-se ao sol para produzir o alimento são mediadoras dos alimentos que chegam a todas as mesas. Mas, segundo João, Jesus declara: "Quanto a mim, meu alimento é que eu faça a vontade daquele que me enviou" (João 4.34, versão de Dolto).

Está de volta a dualidade Terra/Céu. É o fim de um paradigma sobre a forma de viver a vida espiritual, o fim do controle da espiritualidade, a descentralização do culto e da adoração.

> Longe dos ritos de Samaria ou de Jerusalém, longe da terra dos antepassados, o Pai nos procura. O desejo deste Pai é que nós o "encontremos em espírito e em verdade", e não apenas com nossos corpos no espaço físico de uma região ou de um país [...]. Parte-se de um plano para encontrar um outro.[19]

Agora, o lugar do poço de Jacó é uma interseção de espaço e tempo. Jesus lembra: "Nem nesse monte, nem em Jerusalém, mas os verdadeiros adoradores adorarão em espírito em verdade."[20] Em outro contexto, Jesus

---

[18] Bíblia Sagrada, João 4.38.
[19] *Ibidem*, p. 39.
[20] Bíblia Sagrada, João 4.21.

segue essa trilha espaço-tempo, ao dizer: "Ouvistes o que foi dito aos antigos?". Ele, porém, diz mais: "Amarás o teu próximo como a ti mesmo".

Julga-se o materialismo como moderno, mas se olharmos mais de perto, o materialismo é antigo. Um lugar determinado de adoração materializa a espiritualidade – uma geografia, um templo ou uma cidade. A falência da espiritualidade é antiga. Assim, desde que se monopolizaram as coisas do espírito, limitando-as a lugares, descendências, tribos e povos, fechou-se a espiritualidade em gaiolas com seus proprietários.

Não acreditar na vida interior não parece ser algo moderno; em verdade, remonta aos primórdios da história da religião. Jesus está afrontando esse *status quo*, antecipando-se ao tempo, pois só se denunciou isso na modernidade ou na pós-modernidade. O século 12 d.C., a aristocracia cristã (modelo burguês), conviveu com a ideia de que a vida espiritual é tão somente o corpo, a coincidência com o corpo; é que a polidez e a honestidade, pelo contrário, consistem em fazer do corpo um objeto. É decerto por razões totalmente outras que, hoje em dia, o interior é desprezado.

2.2 PAUSA PARA PENSAR

Seguindo as *Cartas e outros textos*, de Gilles Deleuze, pensamos na consciência revolucionária, num mundo industrial e técnico que se apropria de tudo: "Quanto maior vai ficando a potência desse mundo técnico, mais ele parece esvaziar o homem, como fazemos como um frango, de qualquer vida interior, reduzindo-o a uma total exterioridade".[21] A interioridade foi suprimida, sendo substituída pela exterioridade.

Qualquer preocupação que envolva a questão dos samaritanos e judeus dizia respeito à exterioridade. Hoje, qualquer religiosidade, igualmente, preza pela exterioridade: normas de vestuário, normas de conduta, regras e leis, ideias justas e justeza, templos – há a questão da disputa pela supremacia da verdade. A vida espiritual deixou de ser uma questão de interioridade. A água que mata a sede é uma questão de interioridade; a sede é a interioridade

---

[21] DELEUZE, Gilles. *Cartas e outros textos*. Tradução de Luiz B. L. Orlandi. São Paulo: N-1 Edições, 2018, p. 265.

e a fonte a jorrar também o é. Os bons tempos de união entre a natureza e o Espírito cedo nos deixaram.

O que Cristo está propondo em cada um desses diálogos? Segundo entendemos, uma revolução. Unir de novo a natureza ao espírito e recriar a universal produção primária dos gregos pré-socráticos.

> O cristianismo subjetivou a natureza em corpo e vida espiritual roída pelo pecado e, por outro lado, subjetivou o espírito sob a forma de "vida" espiritual. Mas a consciência cristã está tão dilacerada que nem pode apreender nela mesma a relação da vida natural com a vida espiritual. E, desde então, a miséria dessa consciência é tal que, para estabelecer uma certa unidade do corpo e do espírito, é preciso que ela veja fora de si, exteriormente, esta própria unidade sob a forma de vida interior.[22]

Nesse sentido, necessita-se da mediação de um ser de dupla natureza, um ser que faça a ponte entre exterior e interior, entre a água como elemento químico e a água intangível, a da interioridade espiritual, a água que mata a sede da alma. Ao declarar um tipo de adoração, em espírito e em verdade, Jesus desterritorializa os lugares fixos de adoração – naquele monte ou em Jerusalém –. Por isso Jesus disse: "Haverá um tempo, e esse tempo já chegou, em que os verdadeiros adoradores adorarão em espírito e em verdade."[23]

> O Evangelho é uma exterioridade de uma interioridade; e esse paradoxo se exprime essencialmente na noção de parábola. O cristão aprende em si mesmo a dissociação da vida natural e da vida espiritual: e a união das duas vidas como vida interior, ele só aprende do lado de fora. Sua tarefa paradoxal é interiorizar o Cristo.[24]

---

[22] *Ibidem*, p. 268.
[23] Bíblia Sagrada, João 4.23.
[24] *Idem*.

A questão da separação, da natureza e do espírito partiu do dualismo, que fez da natureza uma propriedade privada. Mas sendo a natureza vida – é estranha a apropriação da vida como produto do capital –, colocou-se o homem de um lado e a natureza do outro. Tudo se segue ao modelo dual: a natureza como objeto e o homem como dominador e proprietário desse objeto natural. Nas ciências ocorre a mesma relação entre sujeito e objeto: a vida é objetivada como objeto de observação de pesquisa e o homem como sujeito. Na economia, a natureza sob o domínio financeiro e o homem o proprietário do objeto natural. Mas, sendo o próprio homem natureza, sujeito e objeto fundem-se até o ponto em que o homem não mais perceberia o limite da desumanização. A humanidade ainda não se entendeu com a natureza que, ao se colocar na relação sujeito e objeto, se distanciou da natureza e de si próprio.

A escravidão foi o ponto histórico, onde o homem fez de seu semelhante objeto de compra e venda. Se o homem é o proprietário da exterioridade geral, ainda restaria algo à máquina capital-dinheiro, algo aparentemente intangível e não passível de apropriação, a interioridade do espírito. Foi preciso operar uma torção na teologia, fazê-la prometer prosperidade em nome de Deus para que, com a posse da interioridade, fossem interiorizadas também as formas exteriores de bens materiais, riqueza e sucesso como evidências de vida espiritual. Há um comércio da privatização da alma (mente), tudo que outrora fora coisa do espírito, se materializou. Foi o caso dos vendilhões do templo, momento único em que Cristo usou uma arma não letal para espantar os negociantes da fé, um chicote. Não havia uma lei que coibisse a privatização de dispositivos espirituais, e ainda não existe tal lei. O sagrado e o profano se mesclam quando se privatiza tudo. A noção de privatização aqui se refere ao que costumamos classificar como bens e produtos de consumo. A espiritualidade, como dimensão da vida humana, deixa de ser livre e espontânea para ser oferecida na base da troca benção-dinheiro. A fronteira entre um e outro, é da interpretação dos ditos sacerdotes. Portanto, além de todo sólido se desmanchar no ar, o imaterial também se desmancha em dinheiro. De pedaços da cruz de Cristo aos frasquinhos de água do Rio Jordão, tudo vira capital-dinheiro. A água não é do Rio Jordão e a areia não é de Israel, mesmo que fossem, seriam apenas areia e água. No Estado laico não existe nada que possa regular esse mercado. Seguindo as leis de mercado, o mercador da fé é livre para comercializar do mesmo modo que todos os proprietários de coisas têm. O "tudo que é sólido se desmancha no ar" tem a ver com a coisificação das coisas, mas indo além do sólido, o Céu se materializa ao entrar na esteira da coisificação.

Assim, a propriedade privada de abrangência celestial parece tornar-se coerente. Não há Estado que possa deter; não há lei que possa coibir. As leis são exteriores e fazem parte da proteção dos bens privados. As igrejas são bens privados e, se elas podem privatizar a interioridade, está em "seu direito" fazê-lo. Dirão ser do campo restrito ao sagrado, nesse caso, o Estado não intervém. Por isso, a grande festa comercial em nome de Deus. Igrejas são empresas, ovelhas são consumidores, sacerdotes são empresários, e o bem mais desejado é o dinheiro.

Cristo seria crucificado outra vez pela própria igreja. Nesse nível de subjetivação, quando o próprio (eu) torna-se agente de subjetivação de si mesmo, nem o sujeito é capaz de perceber-se como objeto de manipulação. A essa altura, Étienne de La Boétie (1530-1563) questiona: por que milhares se submetem a um? E por que os homens lutam, encarniçadamente, para servir, como se isso fosse em prol da liberdade? (Wilhelm Reich [1897-1957]). Ou ainda, por que os homens lutam pela servidão como se fosse para serem livres? (Benedictus de Spinoza [1632-1677]). Os três autores se referem a interiorização da submissão. A mesma lógica que leva homens livres a servirem, por medo ou submissão, a um tirano como se fosse uma divindade. Nos três casos, o contexto é político, os poderosos sempre fizeram uso da religião para submeter. Por outro lado, "adorar em espírito e em verdade," anula a mediação de líderes, seja um tirano ou um sacerdote. Portanto, uma revolução.

Os aparelhos de captura apropriam-se da interioridade, assim como fazem com a exterioridade-natureza, interiorizando o exterior e estabelecendo um axioma ao capital-dinheiro. A submissão voluntária resulta da artimanha e da apropriação da intimidade espiritual – fazer o outro sentir-se culpado sempre, interiorizando a culpa da unidade que se perdeu. Como se opera essa subversão? Ao criar a doença, a tristeza e a dor, o sabotador faz das promessas o remédio inalcançável, cria a empresa e faz um rebanho consumidor em um mercado de promessas. Ao unir elementos da crença religiosa à exterioridade material, se regride à promiscuidade dos vendilhões do templo sagrado. Pronto: criou-se uma eficiente máquina de morte. A primeira vítima foi a ética do Cristo. Esse homem veio nos salvar da angústia, mas também, veio para salvar os adoecidos deste mundo, que industrializou a doença em nome dele. Ele veio para nos salvar dos lobos.

2.3 DE VOLTA AO TEXTO

A mulher samaritana compreendeu a declaração sobre a água que mata a sede e entendeu que essa água não estava no poço. E quando Jesus rogou que ela fosse ao marido, ela respondeu: "Não tenho marido". Os homens com quem ela estivera satisfaziam apenas as necessidades do mundo físico. Assim, a expressão "não ter marido" é muito significativa no diálogo.

Em primeiro lugar, observa-se sua honestidade em assumir a verdade. Em segundo lugar, a liberdade de não estar presa a um compromisso que significava muito na sociedade daquele tempo. Em terceiro, a liberdade de não ter marido levava-a a repetir encontros que não a preenchiam espiritualmente. Há o vazio espiritual, a ignorância quanto à história do lugar de adoração, a ingênua repetição de ritos históricos e o desconhecimento quanto à incapacidade de realizar a comunhão no mundo material. Luc Ferry lembra a questão do desejo e sua relação vazia com o objeto, mas foi Platão quem já havia dito:

> De *Eros*, foi sem dúvida Platão quem nos disse o essencial. Freud apenas repetiu, vinte e três séculos depois: o desejo sexual, exaltado na paixão amorosa, é falta. Por isso, ele pede o *consumo* do outro. Uma vez satisfeito, ele mergulha em um vazio satisfeito, até renascer e recomeçar sem outra finalidade última senão a morte mesma. A palavra alemã usada por Freud para designar *Eros* guarda em si essa contradição, que é própria de toda vida biológica: *Lust*, ao mesmo tempo desejo e prazer, falta e satisfação, pois um não poderia existir sem o outro. Toda "excitação" tende à sua própria supressão, e por isso *Eros* sempre mergulha em *Thanatus*.[25]

Por isso o vazio das relações – não que seja vazia a relação em face da circunstância, pois não é o caso de diminuir o valor das relações eróticas ou

---

[25] FERRY, Luc. *Homem Deus*: ou o sentido da vida. Tradução de Jorge Bastos. Rio de Janeiro: Difel, 2007, p. 134-35 (grifo do autor).

de valorar a sensualidade de Eros; a questão é o retorno ao mesmo que não preenche a busca de outra realidade. A falta de sentido que não é preenchida por objetos – da ordem da biologia – vai permanecer no pêndulo da satisfação e da falta. É um encontro entre alguém que busca e outro alguém que tem algo para oferecer. Por isso, a questão: "Se conhecesses o dom de Deus".[26]

A mulher samaritana foi à cidade comunicar sobre o homem que sabia ouvir, que entendia os problemas humanos, que não censurava e que matava a sede dos sedentos espirituais. Ela esqueceu o vaso. O tal vaso de muitos significados e que havia perdido a importância. Ela mesma havia deixado de ser um vaso, um depósito de tentativas frustradas. Estava cansada de buscar água da exterioridade, sem saber que a sede é também da ordem da interioridade. A espiritualidade é de uma interioridade que se funde ao exterior, mas sem dualismo. Deus pode ser experimentado na contemplação da exterioridade sem que dela apropriemo-nos, mas é na interioridade que reside a sede que a água do poço não mata.

---

[26] Bíblia Sagrada, João 4.10.

3
A MULHER COM HEMORRAGIA

Quando você resolve tratar, cuidar de uma pessoa, já tomou partido dela, ou seja, daquilo que você acha que seja sua saúde. Não existem neutralidade nem distanciamento; o que existe é discrição, silêncio, um silêncio que significa consentimento. Consentimento com a existência da pessoa, e isso é uma posição de amor. A pessoa adoece por carência de verdadeiras relações pessoais. Se você lhe der impessoalidade e neutralidade, dará exatamente o que lhe causou a doença. A tarefa da psicanálise é a da construção do encontro, e não há encontro que seja impessoal; impessoal é o desencontro.

(Hélio Pelegrino, em *A burrice do demônio*)

São Lucas, Lucano ou, simplesmente, Lucas, de acordo com Taylor Caldwell,

> [...] o único apóstolo que não era judeu, nunca viu Cristo, e tudo que está escrito em seu Evangelho foi adquirido por meio de pesquisas e dos testemunhos da mãe de Cristo, dos discípulos e dos apóstolos. Mesmo assim, tornou-se o maior defensor da fé cristã e, como Saulo de Tarso (mais tarde, Paulo, o apóstolo dos gentios), não acreditava que o nosso Senhor tinha vindo apenas para salvar os judeus. Justamente por isso, os dois homens encontraram muitas dificuldades com os primeiros discípulos de Jesus. Lucas foi, antes de tudo, um grande médico [...].[27]

Assim diz o Evangelho de Lucas (8.43-46):

> Nisto, chegou uma mulher que fazia doze anos que estava com uma hemorragia. Ela havia gastado com os médicos tudo o que tinha, mas ninguém havia conseguido curá-la. Ela foi por trás de Jesus e tocou na barra da capa dele, e logo o sangue parou de escorrer. Jesus perguntou: "Quem foi que me tocou?". Todos negaram. Então, Pedro disse: "Mestre, todo o povo está rodeando o senhor e o está apertando". Mas Jesus disse: "Alguém me tocou, pois eu senti que de mim saiu poder".

A esse respeito, Juan Arias esclarece: "Transgredindo as normas de sua religião judaica, ele as tocava e se deixava tocar e acariciar por elas até

---

[27] CALDWELL, Taylor. *Médico de homens e de almas*: a história de São Lucas. Rio de Janeiro: Record, 2023.

no caso da hemorroíssa, que, além de ser pagã e, portanto, pestilenta para os judeus, era impura por sofrer de um fluxo de sangue".[28]

Na sequência das Escrituras, lê-se (Lucas 8.46-48):

> Então a mulher, vendo que não podia mais ficar escondida, veio, tremendo, e se atirou aos pés de Jesus. E, diante de todos, contou a Jesus por que tinha tocado nele e como havia sido curada na mesma hora. Aí Jesus disse: "Minha filha, você sarou porque teve fé! Vá em paz".

Essa mulher era uma *Outis* – termo que significa, literalmente, *ninguém*, substantivo masculino da língua grega, citado nos comentários de Haroldo de Campos em *Ilíada*, de Homero, a respeito da falta de hospitalidade dos ciclopes. Ela era uma desconhecida, uma ninguém. Ademais, era sua obrigação ocultar-se, pois vivia no anonimato, em virtude de sua condição de doente.

A hemorragia das mulheres no período menstrual era vista como impureza. Aquela mulher, contudo, sofria de uma doença havia doze anos. Portanto não era vista em público durante todo esse tempo. Doze anos são quatro mil, trezentos e oitenta dias sangrando, possivelmente vivendo no anonimato, e ninguém mais além dos médicos devia saber de sua doença. Ela, essa *Outis*, uma ninguém, uma sem-nome, nunca havia visto Jesus; apenas ouvira falar a seu respeito. De longe, no anonimato, nasceram-lhe tamanha fé e tão grande coragem de sair e ser vista em público. E mais: decidira tocar na pessoa do Cristo correndo o risco real de ser exposta e humilhada.

3.1 PAUSA PARA PENSAR

Faço aqui um retorno à *Ética*, de Espinosa, nesse encontro. A pergunta-chave da *Ética*, "O que pode um corpo(?)", encontra-se em meio aos encontros de corpos nessa história. Pouco importa a avaliação racional que se possa fazer do texto, pois não pretendo provar nada, tampouco quero levar

---
[28] ARIAS, 2001, p. 160.

alguém a uma crença. Quero tão somente expor um comentário pessoal sobre a narrativa, inventar um ramo no texto.

Nesse sentido, escolhi a versão de Lucas por ele ser um médico, segundo a tradição dos comentaristas, e por estar relatando a cura de uma pessoa. A visão de um médico sobre uma doente em meio a um aglomerado de pessoas. A questão espinosista do corpo está presente aqui, e desejo pinçá-la das leituras rápidas que são feitas na maioria dos casos ou das leituras aprisionadas no pieguismo religioso de que se reveste o momento da leitura.

A questão está no terreno da ética, e eu me refiro à ética em Espinosa. "O poder de um corpo se mede pela capacidade de ser afetado", diz Espinosa. O filósofo caracteriza os afetos em três categorias: afeto-desejo, afeto-alegria e afeto-tristeza. E a efetuação dos afetos realiza-se na prática dos encontros. Ou seja, deve haver encontros para que o corpo possa descobrir sua capacidade de ser afetado de uma dessas três maneiras.

3.2 DE VOLTA AO TEXTO

A cena se passa em público, numa rua ou numa praça. O jovem Cristo está caminhando em meio a um pequeno aglomerado de discípulos, admiradores, seguidores, pessoas curiosas, pessoas em busca de uma cura, entre outras. A personagem central é uma mulher com uma hemorragia de longo tempo – 12 anos, segundo o relato de Lucas. Além do sofrimento físico, somavam-se a rejeição e o isolamento social. As mulheres que sangravam eram consideradas imundas e desprezíveis.

Tudo indica que não era uma pessoa rica, estava sozinha na doença, já fora a muitos médicos e buscara algumas pessoas que, em vão, tentaram curar sua doença, uma hemorragia. A multidão cercava o jovem galileu a ponto de dificultar a aproximação da paciente com "seu médico". Vejam o que disse Pedro, segundo Lucas: "Mestre, todo o povo está rodeando o senhor e o está apertando". Isso porque Jesus havia sentido um leve toque em suas vestes, perguntando em seguida: "Quem foi que me tocou?".

O que a neurociência diria hoje sobre o toque? O Nobel de Medicina Eric R. Kandel discorre sobre o efeito do toque no cérebro: "O tato ativo e o tato passivo evocam respostas semelhantes nos mecanorreceptores". Pode haver algum questionamento acerca de evocar-se aqui uma teoria tão atual em um caso que se passou há tanto tempo e permaneceu registrado apenas como um milagre.

Não se menospreza a crença no milagre ao se introduzirem explicações científicas. As explicações não dirão que o acontecimento sai do campo do milagre. Existe o milagre que coexiste com a explicação científica. O meio segundo o qual ocorre o toque entre a mulher com hemorragia e Jesus é com os dedos (ou um dos dedos) da mão. Segundo as pesquisas de Kandel,

> [...] a mão tem quatro tipos de mecanorreceptores [...]. A maciez e a flexibilidade da pele desempenham um papel importante no sentido do tato. Quando um objeto entra em contato com a mão, a pele amolda-se a seus contornos, formando uma imagem especular da superfície do objeto [...]. Os campos receptivos definem a zona de sensibilidade ao tato. Os testes de discriminação de dois pontos medem a percepção de texturas. As fibras de adaptação lenta detectam a pressão e a forma dos objetos. As fibras de adaptação rápida detectam o movimento e a vibração. Ambas as fibras – de adaptação rápida e de adaptação lenta – são importantes para o controle da pressão.[29]

Nós temos a percepção tátil dos dedos sobre o tecido da roupa, uma leve pressão do toque sobre o vestido, a vibração... Acompanhando os níveis em que o acontecimento do toque dá-se, podemos concluir que nos dois cérebros – doador e receptor – há uma modificação sináptica, uma agitação percebida e declarada na seguinte pergunta: "Quem me tocou?". Afinal, "o ser humano também é capaz de reconhecer objetos colocados na mão apenas pelo tato".[30]

A questão não é a de muitos toques ou de um toque, de empurrões, atrito entre os corpos ou esbarrões entre os corpos na multidão.

---

[29] KANDEL, Eric R. *Princípios de neurociências*. Tradução Ana Lúcia Severo Rodrigues. Porto Alegre: Artmed, 2014, p. 435.
[30] *Ibidem*, p. 435.

O toque é definido como o contato direto entre dois corpos físicos. Nas neurociências, o tato refere-se ao sentido especial pelo qual o contato com o corpo é percebido *conscientemente*. O tato pode ser ativo, como quando se move a mão ou outra parte do corpo contra uma superfície, ou passivo, como quando se é tocado por outro alguém ou por algo.[31]

Ressalto a expressão *conscientemente*, que aponta para uma vontade declarada. Como se ela dissesse: "Eu sei exatamente o que quero" e, se eu quero, eu posso. Não importa se

> [...] os pontos de contato são pequenos devido à alta densidade de receptores nas pontas dos dedos. Os campos receptivos tornam-se progressivamente maiores nas falanges proximais e na palma da mão, o que é consistente com a menor densidade de mecanorreceptores nessas regiões.[32]

Em sua obra *Ética*, Espinosa transmite informações à neurociência. Ele abordou como ninguém a questão dos corpos, dos encontros e dos afetos, os quais, ao afetarem um corpo, também são por ele afetados. Na troca de afetos há um aumento ou uma diminuição no potencial de ação sináptica. Os neurocientistas chamam "potencial de ação" quando um neurônio, ou um sistema inteiro, recebe uma carga elétrica capaz de emitir e receber sinais. Conforme Kandel e colaboradores:

---

[31] *Idem* (grifo do autor).
[32] *Ibidem*, p. 438.

> AS INFORMAÇÕES SÃO CONDUZIDAS DENTRO dos neurônios e transferidas dos neurônios para as células-alvo através de sinais elétricos e químicos. Os sinais elétricos transitórios são particularmente importantes por conduzirem informações sensíveis ao tempo de forma rápida e por longas distâncias. Esses sinais elétricos transitórios – os potenciais de receptor, os potenciais sinápticos e o potencial de ação – são todos produzidos por mudanças temporárias na corrente elétrica dentro e fora da célula que alteram o potencial elétrico da membrana celular, desviando-se do potencial de repouso. Essa corrente representa o fluxo de íons com cargas negativas e positivas através dos canais iônicos na membrana celular.[33]

Talvez não estejamos pensando na junção mente-corpo nesses exemplos citados, mas ambos estão juntos durante todo o tempo. A noção cartesiana de alma e corpo fica absolutamente superada. A sabedoria de Ellen White, no final do século 19, também confirma a neurociência, ou seja, aquilo que Espinosa tinha afirmado no século 17: "A relação existente entre a mente e o corpo é muito íntima".[34] Para White, em consonância com Damásio, "o cérebro é o órgão e o instrumento da mente",[35] mas a mente é a consciência e a extensão do corpo.

Quando um é afetado, o outro também é. Cada filamento nervoso, distribuído nos dedos em terminações nervosas, é, ao mesmo tempo, mente-corpo. O desejo ou a fé – considerados expressões da mente – estão, simultaneamente, agindo e reagindo ao organismo cerebral. Espinosa, em *Ética*, faz essa aproximação bem antes de haver uma neurociência. Nas observações de Damásio, estudioso de Espinosa, a mente percebe não apenas as modificações do corpo, mas também as ideias de tais modificações.[36]

No caso em exame há uma via dupla: a mulher toca as vestes de Cristo com consciência e sente que a hemorragia estanca. Ele, por sua vez, percebe

---

[33] *Ibidem*, p. 112.
[34] WHITE, Ellen. *Testemunhos para a igreja*. São Paulo: Casa Publicadora Brasileira, 2004, v. 5, p. 444. Encontra-se em PDF: Testemunhos para a Igreja 5 (2004) (egwwritings.org). Acesso em: 17 dez. 2023.
[35] WHITE, Ellen G. *Medicina e Salvação*. 2a ed. Tradução de Almir A. Fonseca e Luiz Carlos Trezza. Tatuí, SP: Casa Publicadora Brasileira, 1991.p. 291.
[36] DAMÁSIO, Antônio. *Em busca de Espinosa*: prazer e dor na ciência dos sentimentos. São Paulo: Companhia das Letras, 2004.

o toque nas vestes – extensão material do corpo – e sente que houve algo fora do comum, que algo saiu dele. Para Damásio,

> [...] todos os organismos vivos, desde a humilde ameba até o ser humano, nascem com dispositivos que solucionam automaticamente, sem qualquer raciocínio prévio, os problemas básicos da vida. Esses problemas são os seguintes: encontrar fontes de energia; incorporar e transformar energia; manter no interior do organismo um equilíbrio químico compatível com a vida; substituir os subcomponentes que envelhecem e morrem, de forma a manter a estrutura do organismo; e defender o organismo de processos de doença e de lesão física.[37]

A essa vontade de estar e viver no mundo, de organizar-se e manter-se, Espinosa chamou *conatus*. Atualmente, a biomedicina utiliza a palavra "homeostasia", que "descreve esse conjunto de processos de regulação e, ao mesmo tempo, o resultante estado de vida bem regulada".[38] Também em Mancuso estão presentes as mesmas proporções do *conatus* e da homeostasia na botânica:

> Ser capaz de manter a própria organização interna diante do impulso natural para a degradação e a desordem é uma característica que qualquer organismo deve ter, independentemente de seu nível de complexidade. Isso se manifesta na habilidade demonstrada por ser seletivo e fazer as escolhas certas. Por exemplo, escolher algumas moléculas do substrato em que se vive em vez de outras, distinguir amigos de inimigos, expandir ou contrair em função da disponibilidade de recursos. Um organismo é um sistema aberto, no qual a informação flui para o ambiente e vice-versa. Em síntese, cada ser troca com o mundo que o rodeia os elementos que lhe permitem sobreviver.[39]

---

[37] *Ibidem*, p. 37.
[38] *Ibidem*, p. 37-8.
[39] MANCUSO, Stefano. *Revolução das plantas*: um novo modelo para o futuro. Tradução de Regina Silva. São Paulo: UBU, 2019, p. 41.

Alguém poderá perguntar o sentido de incluir neurobiologia e botânica em um texto religioso, no encontro de Cristo com a doente. Qual seria a relação entre o toque dos dedos dessa mulher nas vestes de Cristo, as plantas e o cérebro humano? As plantas não precisam de muita coisa para sentir ação e reação. Uma folha de planta dentro de casa volta-se vagarosamente na direção da janela em busca de um raio de sol. A planta, segundo Mancuso, não tem uma memória curta. Mas o fato de ela mover-se para cima, para os lados, com suas folhas e talos, como se fossem braços e mãos em busca do necessário para crescer, é uma espécie de memória.

> Ao contrário de muitos aspectos da vida vegetal que apresentam semelhanças significativas com o mundo animal e têm uma história de estudos que, embora não seja longa, já está bastante consolidada (penso em inteligência, habilidade de comunicação, capacidade de desenvolver estratégias de defesa, comportamento etc.), no caso da memória, os testes comparativos são bem mais recentes. No entanto, o primeiro notável a abordar esse tema que justifica a longa espera: trata-se de Lamarck. Ou melhor, Jean-Baptiste Pierre Antoine de Monet, cavaleiro de Lamarck (1744-1829).[40]

Lamarck, considerado o pai da biologia,

> [...] interessou-se, como outros naturalistas de sua época, pela vida das plantas, sobretudo pelos fenômenos relacionados aos movimentos rápidos, típicos das chamadas sensitivas (plantas que respondem de forma imediata e visível a determinados estímulos). Em particular, por um longo período de sua carreira, ele mostrou grande interesse pelo funcionamento exato do mecanismo de fechamento das folhinhas da *Mimosa pudica*.[41]

---

[40] *Ibidem*, p. 17-8.
[41] MANCUSO, 2019, p. 18. *Mimosa pudica*, conhecida no Brasil como dormideira, é uma planta sensível, nativa da América Latina e do Caribe, que se espalhou para vários países do chamado "Cinturão Tropical". Suas inflorescências cor-de-rosa caracterizam-se pelos muitos estames alongados, que lhe conferem a típica aparência de penas. O experimento com a *Mimosa pudica* consta no mesmo livro (p. 15-25).

A relação é que somos seres vivos, sensitivos e, da mesma forma, visualizamos e produzimos em nosso sistema nervoso (cada ser ao seu modo) a imagem do objeto, pessoa, situação e circunstâncias daquilo que nos restabelece as forças e curam-nos. As plantas tocam o vento, o sol, colhem a água da chuva em suas folhas em forma de conchas e buscam nutrientes nas profundezas com suas raízes. As plantas constroem verdadeiras comunidades subterrâneas por meio delas. É o que se verificou na *Árvore da fraternidade*, na França. Segundo Mancuso:

> O senhor reconheceu a árvore à qual pertence o sistema rizomático que estamos estudando? É um choupo. E… não creio que essa espécie tenha sido escolhida por acaso. O nome latino do choupo é *populus*, "gente". O autor dessa impressão queria enfatizar o valor simbólico da árvore. Enfim, a planta do mundo é a árvore dos povos que abraçaram o espírito da revolução.[42]

Somos seres vivos, com ou sem cérebro, de modo que reagimos às ameaças da existência em termos bem semelhantes. A semelhança geral nas plantas e nos demais seres vivos na natureza é a vontade de existir. Se as plantas movem-se na direção do sol, nós, humanos, também fazemos isso. Buscamos o sol por necessidade fisiológica tanto quanto as plantas e outros seres. Nós reagimos à luz ou à falta dela, ao frio e ao calor. Ademais, temos a comunicação tátil desde os nossos primeiros anos de vida. Segundo Kandel,

> […] as fibras de mecanorreceptores individuais transmitem informação a partir de uma área limitada da pele, denominada *campo receptivo*. Campos receptivos táteis têm sido determinados na mão humana utilizando microneurografia […]. Eles descobriram que, em seres humanos, assim como em outras espécies primatas, há diferenças determinantes entre receptores de tato, tanto em suas respostas fisiológicas quanto nas estruturas de seus campos receptivos.[43]

---

[42] MANCUSO, Stefano. *A planta do mundo*. Tradução de Regina Silva. São Paulo: UBU, 2021, p. 38 *(grifo do autor)*.
[43] KANDEL, 2014, p. 437 (grifo do autor).

Tocamos as pessoas e as coisas em razão da necessidade de formar ideias do mundo que nos cerca. E ao mesmo tempo em que tocamos, dependendo dos motivos, dos desejos, áreas específicas do nosso cérebro movem-se para atender às demandas do corpo. Alegrias e tristezas, alteração de humor, alívio e sensações de prazer podem começar com um toque e, algumas vezes, até mesmo na contemplação e na observação da natureza. Somos tocados por palavras, gestos, olhares, sons e imagens. E o cérebro modula quimicamente nossos passeios por entre essas vivências. No caso da mulher que sofria de hemorragia, tratou-se de um toque específico – um toque movido pelo primeiro afeto espinosista, o desejo. Ela desejava ardentemente ser curada. Nesse evento, a ideia do querer, que é desejo, ocupa posição de primeira ordem nos afetos dessa mulher anônima.

Em primeiro lugar é preciso desejar infinitamente, como uma aranha que tem em si um *conatus*, uma vontade infinita de existir, de permanecer no mundo existindo e realizando sua função, proliferando-se, crescendo até o limite de sua capacidade. Por isso a aranha refaz sua teia, ainda que alguém a desfaça na mesma proporção. Na aranha, a vontade de refazer sua teia é suprema. A teia da aranha é a manifestação de seu *conatus*, de sua vontade, de seu desejo – que, no caso da mulher da nossa história, é tudo isso, além de incluir outra categoria: a fé.

Todos os outros toques que aconteceram nesse evento não significaram nada. Foram "encontros" vazios de sentido. O corpo só sabe aquilo de que é capaz quando é afetado, e não apenas por ter tido um encontro, que, nesse caso, é materializado nos toques físicos. Tem que haver um afeto propulsor no encontro, um desejo, uma vontade – que, aqui, incluiu a fé. Podemos tomar a fé por desejo, mas apenas provisoriamente.

A mulher que sofria de hemorragia não podia tocar no corpo de Cristo, pois não havia meios de chegar tão perto dele. Havia gente em excesso naquela cena. Portanto o que a distinguiu dos demais foi o desejo ou a fé. Naquela situação nem seria necessário tocar a mão ou qualquer outra parte do corpo de seu médico – um médico por excelência. O relato diz: "Ela foi por trás de Jesus e tocou na barra da capa dele, e logo o sangue parou de escorrer"[44]. E isso era tudo que se fazia necessário: um toque suave "na barra da capa dele" e, assim, afetar e ser afetada.

Nesse momento, o corpo descobre tudo que pode. O poder de ser afetado por outro corpo, de ser preenchido pelo afeto derivado do outro

---
[44] Bíblia Sagrada, Lucas 8.44.

corpo em questão, associando a isso a potência da fé. Naquele encontro faz-se dele um bom encontro, no dizer filosófico de Espinosa. Nesse caso, o que é bom para um corpo? O afeto do bom encontro. E quem diz o que é bom para o corpo? O próprio corpo. Jesus permite-se ser tocado em favor da saúde de uma mulher. Faz uma doação de sua energia vital, deixa ir parte de si em favor de uma anônima.

No extraordinário texto *Massa e poder*, Elias Canetti, ao analisar os tipos sociopsicológicos de massa, afirma:

> Não há nada que o homem mais tema do que o contato com o desconhecido. Ele quer ver aquilo que o está tocando; quer ser capaz de conhecê-lo ou, ao menos, de classificá-lo. Por toda parte, o homem evita o contato com o que lhe é estranho. À noite ou no escuro, o pavor ante o contato inesperado pode intensificar-se até o pânico.[45]

Segundo a versão de Lucas, muitos esbarravam no corpo de Jesus. Então por que ele se importou com um único toque? Sua pergunta, "Quem me tocou?", e a afirmação, "Alguém me tocou", não foram causadas por medo, conforme é comum aos homens em meio a uma multidão, como afirma Canetti. Jesus diferencia-se dos homens comuns nas situações em que se encontra com outros indivíduos igualmente humanos. Ele afirma ter sido um toque de natureza específica, um toque que nem mesmo chegou à superfície da pele. E acrescenta: "Alguém me tocou, de modo que, de mim, saiu poder".[46] As possibilidades de tradução são muitas: poder, virtude, força, potência, vida etc. Foi um toque de leve em suas vestes, mas o suficiente para subtrair uma potência que curou.

Costumamos tocar ou esbarrar acidentalmente em corpos em meio à massa e nada acontece. Na filosofia estoica há um sentido bastante específico para *Acontecimento*, porém este não é o momento ideal para descrevê-lo. No entanto é necessário haver um mínimo de consideração nesse caso especí-

---

[45] CANETTI, Elias. *Massa e poder*. Tradução de Sérgio Tallaroli. São Paulo: Companhia das Letras, 1995, p. 13.
[46] Bíblia Sagrada, Lucas 8.46.

fico. Vou fazer uma impostura com o conceito, usando-o do meu modo e no contexto em que o insiro. A exatidão da fórmula estoica foi trabalhada por Gilles Deleuze em *Lógica do sentido*, e muita gente defendeu teses com base em Deleuze. Sousa Dias foi uma dessas pessoas, com sua *Lógica do Acontecimento*.

O *Acontecimento*, com inicial em maiúscula, "deve dizer não a essência ou a coisa" que acontece ou na coisa que acontece, "mas no acontecimento". Não é o acidental, ou o acidente, que acontece no encontro dos corpos. O encontro dos corpos faz o acidente do encontro, mas há algo que se passa entre os dois e que é aquilo que *no* acontecimento (acidente) acontece. O Acontecimento é suspenso da materialidade dos corpos e sobrevoa o acidente dos encontros.

> Não designa o acidente das coisas, os estados de ser, nem os factos, as acções exercidas e as paixões sofridas pelos corpos e as paixões sofridas pelos corpos e as modificações corporais actuais decorrentes de umas e de outras. "O que se passa" é que é sempre uma expressão em ato de acontecimento [...] na sua absoluta neutralidade.[47]

O *Acontecimento* não aparece como fenômeno – que é o que acontece, no caso, com uma modificação nos corpos. O Acontecimento é o efeito incorporal. Sem ele não haveria modificação na superfície dos corpos. Há uma mudança de grau, para mais ou para menos, isso é o que acontece. Mas o *Acontecimento* é *no* que acontece. É a profundidade que escapa ao tempo visível, o "monocêntrado *Cronos*". Tudo que não é compreensível no encontro dos corpos – até mesmo o tecido da roupa é corpo – é *Acontecimento* puro e está fora da linha do tempo (é *Aion*), por isso não é compreensível. Por não ser compreensível às nossas limitações chamamos de milagre.

Ao denunciar "Alguém me tocou e de mim saiu virtude", Jesus quer dizer de um *Acontecimento* – algo no centro dos muitos eus aconteceu, mas ninguém foi capaz de perceber e sentir, exceto quem foi tocado e causou o *Acontecimento* em curso. Segundo Deleuze, "esse centro descentrado é que

---

[47] DIAS, Sousa. *Lógica do acontecimento*: Deleuze e a filosofia. Porto: Edições Afrontamento, 1995, p. 89.

traça entre as séries e para todas as disjunções a impiedosa linha reta do *Aion*, isto é, a distância em que se alinham os despojos do eu, do mundo e de Deus: grande Cânon do mundo, fenda do eu, desmembramento divino".[48]

A intencionalidade do ato de tocar no corpo, contudo, não encerra o processo do desdobramento em *Acontecimento*. Esse vai dar-se entre as coisas que acontecem, na doença ou na saúde, nos ruídos, nos desejos das pessoas, nas vicissitudes de tudo. E, por entre as coisas, passa-se da profundidade à superfície da pele. Esse acontecimento não é da ordem das vontades, mas tem seu princípio nelas: são os ecos de uma pedra lançada na fina camada das águas de um lago – a pedra, já tendo sido lançada, não cessa de produzir efeito em ondas.

O *Acontecimento* não é nada do que acontece nas pessoas, no aqui e agora do tempo subjetivo; tudo isso está no plano do acidental. A cura da doença já é o acidental no meio do *Acontecimento*. O que interessa, a causa de tudo, é o devir. O relato do acidental esgota-se logo ali, no instante em que a mulher responde: "Fui eu, senhor". Mas os devires do *Acontecimento* nunca se esgotam.

> Ele não é o que aconteceu nem o que está na iminência de acontecer; ele está entre ambos, e as duas coisas ao mesmo tempo, o inactual entre-dois, em simultâneo o que vai ocorrer e o que ocorreu já num tempo próprio, sem presente, num tempo infinitivo não cronológico.[49]

Um encontro é mais do que aquilo que se passou, de tudo que se testemunhou e narrou-se. São devires que acordam e não cessam de acontecer. Eis o caráter revolucionário dos encontros: eles não param de se desdobrar em acontecimentos sucessivos e intermináveis. Mais do que a cura de uma hemorragia, foi o processo que se instaurou no corpo do indivíduo, no corpo simbólico, nas pessoas que viveram e entraram em devir e na história com que deparamos ainda hoje. Seus ecos ressoam, podendo ou não produzir novos devires. Muito acima dos processos de subjetivação encontra-se a vida de absoluta serenidade, apenas uma vida livre do *over dressed*, dos muitos

---

[48] DELEUZE, Gilles. *Lógica do sentido*. Tradução de Luiz Roberto Salinas Fortes. São Paulo: Perspectiva, 2000, p. 182.
[49] DIAS, 1995, p. 15.

estratos da cultura, apenas a vida, "imanência absoluta e beatitude".⁵⁰ O conceito de "beatitude" está associado à categoria de singularidade pura, que João Duns Escoto (1266-1308) define como *hecceidade*.

Vamos dizer de outra forma:

- 1\. O desejo é inerente aos corpos. O desejo é similar à vontade de persistir – no dizer de Espinosa, *conatus*. Não há uma escolha do sujeito em relação ao desejo; há uma escolha em relação aos objetos desejados. Mas o desejo não se circunscreve a objetos, tampouco há objeto que supra o desejo. A psicanálise lacaniana diz que o objeto do desejo é obscuro. Hoje, parece haver uma aproximação entre filosofia e psicanálise – o desejo é desejo de desejo e não de alguma coisa. Portanto desejamos porque é nossa essência desejar. Os objetos vêm sempre depois e com atraso em relação ao desejo.

- 2\. Juntei as noções de desejo e fé indevidamente. Tento explicar agora. A fé é um dom que nem todos os indivíduos têm. Mas o desejo é inerente a todo organismo vivo. Fé inclui decisão que prospera. Nem todo mundo tem essa fé religiosa em questão, a fé do texto usado aqui, porém todos os humanos desejam, mesmo que seja desejo de nada ou nada de desejar, mas, ainda assim, é desejo. Em Espinosa, o desejo confunde-se com o *conatus* – a vontade de permanecer, de persistir. E todos os seres vivos, da fauna e da flora, têm *conatus*. A mulher que toca as vestes de Cristo tem tudo: *conatus*, desejo insuperável e uma fé no impossível. Foi assim que se definiu fé:

- 3\. São Paulo diz que: "a fé é o firme fundamento das coisas que se esperam, e a prova das coisas que se não veem."⁵¹ A fé é um princípio de ação que tira poder de quem tem poder. Mas esse "poder" não se identifica em nada com o poder dos poderosos; ele encontra uma correlação significativa com a "vontade de poder" em Nietzsche. Trata-se de um poder que se afirma na própria vontade que o poder é. A pobre e sofredora mulher tem esse poder de querer, e esse poder é que lhe dá vontade, o meio que a leva a

---

⁵⁰ DELEUZE, Gilles. *Imanência*: uma vida. *Educação & Realidade*. Tradução de Jorge Vasconcellos, Hércules Quintanilha. 1997, n. 27. Disponível em:https://pt.wikipedia.org/wiki/Plano_de_imanência. Acesso em: 11 jun. 2023.

⁵¹ Bíblia Sagrada, Hebreus 11.1.

tocar nas vestes de um homem especial dotado de poder. Por isso Jesus disse a Pedro: "Alguém me tocou, pois eu senti que de mim saiu poder". Poderia também ter dito: "Alguém tocou em mim de uma forma diferente. Fui afetado pelo toque de alguém e afetei essa pessoa que me tocou". O bom encontro é aquele que afeta de modo a aumentar a potência de agir do corpo. Ela foi curada. A ética prática de Espinosa encontra-se com a práxis do jovem galileu. Não é uma ideia que produz um bom encontro, são corpos que se tocam em meio às ideias. O ato de restabelecer a saúde de um corpo no encontro faz-nos compreender o que vem primeiro: a vida. As ideias são secundárias em relação à vida. Como já dito, Jesus deixava-se tocar e tocava, mulheres ou homens, judeus ou pagãos, pobres ou ricos.

4   E, por fim, o afeto-tristeza: "Então a mulher, vendo que não podia mais ficar escondida, veio, tremendo, e se atirou aos pés de Jesus. E, diante de todos, contou a Jesus por que tinha tocado nele e como havia sido curada na mesma hora". Outra versão diz de forma mais enfática: "Na presença de todo o povo contou por que tinha tocado nele e como fora instantaneamente curada"[52]. Em geral, a mulher vivia em posição de absoluto recalque social naqueles dias; uma mulher com hemorragia, então, era repulsiva aos olhares! Há todo esse nojo ao mundo e às coisas que acontecem no mundo – uma visão moral do mundo, desprezo e nojo do mundo. Certamente foi necessário que ela tivesse muita coragem para agir no meio daqueles homens – os mesmos homens que monopolizam os enunciados das boas-novas. Essa mulher extraordinária deu essa enorme contribuição ao seu tempo. Ousou ir lá, enfrentou a multidão de machos, tocou nas vestes do homem em quem ela depositava toda a sua fé. Nesse toque, desse toque, ela retirou a potência que buscara durante doze anos na medicina da época. Num único e certeiro toque, ela retirou o afeto que lhe restabeleceu a saúde. E Cristo devolve-lhe o afeto de alegria: "Minha filha, você sarou porque teve fé! Vá em paz". Gentilmente, ele atribui a ela e à sua fé a responsabilidade pelo resultado do encontro. "Você sarou porque teve fé". Um bom encontro é aquele que aumenta a potência de agir de um corpo, diria Espinosa nessa situação.

---

[52] Bíblia Sagrada, Lucas 8.47.

5   O afeto-tristeza diminui a potência de agir de um corpo. Os tiranos afetam com a tristeza, roubam a alegria com o propósito de entristecer e enfraquecer. Desse modo, eles garantem a submissão por toda uma vida. Os tiranos roubam dos indivíduos a consciência daquilo que podem e, consequentemente, furtam-lhes a potência de agir. Não saber do que se é capaz leva ao pensamento de que não se é capaz. Como bem diz o teólogo Rubem Alves sobre as escolas que são como gaiolas em forma de pedagogia, as que fazem pensar que voar é uma doença, levam-nos a temer o vazio do espaço em que se pode voar. "Por isso trocam o voo por gaiolas. As gaiolas são o lugar onde as certezas moram".[53] Queremos ter certezas em vez de voos, por isso optamos por gaiolas, lugares nos quais passaremos o resto das nossas vidas, conclui o educador e filósofo. A fé é o salto na vertigem, por cima das certezas das coisas que se veem, um lance de dados no abismo da existência. O salto que o desespero humano faz o eu encontrar o seu si mesmo. A salvação da angústia está nesse salto.

---

[53] ALVES, Rubens. *Religião e repressão*. Curitiba: Loyola, 2010, p. 9.

4

OS PESCADORES

Jesus subiu num barco, e os seus discípulos foram com ele. De repente, uma grande tempestade agitou o lago, de tal maneira que as ondas começaram a cobrir o barco. E Jesus estava dormindo. Os discípulos chegaram perto dele e o acordaram, dizendo: "Socorro, Senhor! Nós vamos morrer!". "Por que é que vocês são assim tão medrosos?", respondeu Jesus. "Como é pequena a fé que vocês têm!". Ele se levantou, falou duro com o vento e com as ondas, e tudo ficou calmo. Então todos ficaram admirados e disseram: "Que homem é este que manda até no vento e nas ondas?!".

(Mateus 8. 23-27)

Comecemos pelo seguinte trecho do diálogo: "De repente, uma grande tempestade agitou o lago, de tal maneira que as ondas começaram a cobrir o barco". Em algumas versões, a cena acontece no mar da Galileia. Em outras, no lago da Galileia, com 22 quilômetros por 12 quilômetros de extensão, alcançando, em alguns pontos, a profundidade de 45 metros. Nesse caso, não parece tão assustador quanto a imagem de um mar. Digamos que o estado emocional determine a perspectiva da quietude da alma, ou do seu desespero. Ao mesmo tempo, um lago pode ser visto tranquilo e sereno, ou um mar de altas ondas.

Em 1695, Ludolf Bakhuyzen pintou um quadro dessa descrição que, atualmente, encontra-se no Indianapolis Museum of Art, nos Estados Unidos. A cena lembra, em menor proporção, a mitologia grega, em um dos momentos da infindável viagem de Ulisses de volta para casa depois da guerra de Troia. A viagem de dez anos, "de Troia a Ítaca; da guerra à paz", como sinaliza Luc Ferry.[54]

O mar ameaçador e seus monstros marinhos não estão fora do nosso mundo interior; na verdade, os monstros e os reveses de Ulisses são, todos eles, nossos monstros interiores. Ulisses está enfrentando seus próprios monstros, seus medos, suas paixões. A longa estada na ilha de Calipso foi um tempo que não conta, pois a ilha está fora do tempo cronológico da viagem de retorno – *Aion*, o tempo liso, o tempo dos deuses, não conta. Há esses "entretempos" em nossas vidas, que de nada serviram: o tempo ficou suspenso porque nada nos aconteceu, ou seja, trata-se de um tempo de insignificância para os mortais.

Em nosso viver cotidiano, em nossas vicissitudes, também há tempos perdidos. Virgílio, em *Geórgicas*, não nos deixa esquecer que "para os tristes mortais, os melhores dias da vida são sempre os que fogem primeiro".[55] Esses são os tempos vividos de fato.

Mas voltemos à questão. Ainda se tratando dos estoicos, pela boca de Sêneca há boas perguntas sobre o tempo perdido.

---

[54] FERRY, Luc. *A sabedoria dos mitos gregos*: aprender a viver II. Rio de Janeiro: Objetiva, 2009, p. 148.

[55] VIRGÍLIO. Geórgicas. *In*: SÊNECA. *Sobre a brevidade da vida*. São Paulo: Companhia das Letras, 2017, v. III, p. 66-7.

> "Por que tardas?", diz ele. "Por que ficas parado? Se não utilizas, ele escapa". E, mesmo que o utilizes, ele escapará. Assim, deves velozmente lutar contra a rapidez do tempo disponível para nós, e como que logo beber de uma rápida torrente que não há de fluir para sempre.[56]

O medo faz perder tempo útil. Quantos anos você esteve com medo? Paralisado e indeciso? Por quantos anos esteve ressentido e magoado? Esses são tempos escoados para sempre sem utilidade e não tempos vividos de fato. Se, em sua idade, você retirar todos os tempos não vividos, logo descobrirá que os anos de vida foram muito poucos.

Mas agora voltemos à cena, no lago da Galileia.

No texto da versão de Mateus, as ondas do lago da Galileia parecem cobrir o barco. As ondas são altas demais? Violentas a ponto de fazer o barco submergir? Não se trata de um mar, mas de um lago. Não são crianças ou adolescentes em uma aventura; são homens experientes, marcados pela vida de pesca naquele mesmo lago. Jesus põe em questão o medo dos discípulos: "Por que é que vocês são assim tão medrosos?". Medroso é um adjetivo para alguém dominado pelo medo – alguém que demonstra medo, temeroso, receoso, acanhado, tímido, hesitante, fraco.

Aqui, portanto, não importam as diversas possibilidades de interpretação do texto. O teólogo e historiador Joseph Atwill, por exemplo, defende que essas histórias do Novo Testamento seriam criações de aristocratas romanos ou de trabalhadores contratados por eles com o propósito de apaziguar as crises constantes entre o Império Romano e a região da Judeia, que, naquele tempo, era dominada pelos romanos.[57] Entre os historiadores e escritores que teriam produzido esses textos, estaria Flávio Josefo. Pessoalmente, lendo Josefo, não encontrei muitas referências à existência de Cristo nos termos sugeridos por Atwill. Não é o caso de entrarmos nesse debate. Preferi ficar com a essência dos textos.

Então, voltando à questão do medo, temos o momento em que Jesus atribui esse medo à falta de fé. Respondeu Jesus: "Como é pequena a fé que vocês têm!".

---

[56] SÊNECA. *Sobre a brevidade da vida*. Tradução de José Eduardo S. Lohner. São Paulo: Companhia das Letras, 2017, p. 20.
[57] ROSA, G.. O que a história tem a dizer sobre Jesus. *Veja*, 2013. Disponível em: https://veja.abril.com.br/ciencia/o-que-a-historia-tem-a-dizer-sobre-jesus/. Acesso em: 23 set. 2023.

Em Aristóteles, o medo está classificado como uma das muitas paixões, como apetites, cólera, audácia, inveja, alegria, amizade, ódio, desejo, emulação e compaixão. Por um lado, o medo é necessário, pois não estaríamos no mundo se não tivéssemos medo. O instinto de autopreservação faz-nos sentir medo. A princípio não há mal algum em sentir medo ou nutrir qualquer uma das paixões elencadas em Aristóteles. Sentimos medo de altura, então tomamos cuidado quando se trata de escalar montanhas, saltar de paraquedas, pular de *bungee jump* ou qualquer outra coisa que envolva cairmos e machucarmo-nos gravemente. Ao contrário, praticar esses esportes sem medo resultaria em falta de cuidado e risco fatal.

O medo protege-nos, pois é um recurso da nossa natureza psicofísica desenvolvido com base em ensaio e erro com o fim de mantermo-nos vivos. Por que, então, Jesus os chamou de medrosos? Homens de fé pequena? Eles eram pescadores e, portanto, nessa condição, deveriam estar acostumados às dificuldades e às ameaças da vida no mar. Mais ainda: num lago que lhes era familiar. Esses homens eram pequenos diante dos perigos e, reduzidos ao medo, não estavam prontos para o que ainda teriam que enfrentar como discípulos de Cristo.

A outra questão que merece consideração é o sono: Cristo dormia enquanto o barco estava sob a ameaça de afundar. Os discípulos chegaram perto dele e o acordaram, dizendo: "Socorro, Senhor! Nós vamos morrer!". Vale lembrar outro tipo de sono que consta nas Escrituras em situação semelhante, ou seja, em um barco com a ameaça de mar agitado: no Antigo Testamento, com Jonas.

O sono de Jonas é um sono de culpa. É fuga ou covardia. Dormir para evitar a realidade, dopar-se para não estar presente. Ele sabe que é culpado. O mar está agitado e, conforme a crença dos marinheiros, em casos tais há um culpado entre eles. E, segundo ainda essa crença, livrando-se do culpado o mar voltaria ao normal.

Os marinheiros estavam lutando com suas tarefas de manter o navio no rumo. Enquanto isso, Jonas foi tirar uma soneca e acabou dormindo profundamente. Segundo Luc Ferry, "ceder ao sono é uma forma de esquecimento, esquecimento de si e do mundo, momentâneo, é verdade, mas suficiente para que tudo volte a se transformar em drama".[58] Drama que Jonas vai enfrentar no jogo de lançar a sorte, costume dos marinheiros para apanhar o culpado.

---
[58] FERRY, 2009, p. 159.

A alusão à *Odisseia* é que Ulisses também dorme na história, num momento crucial, em que jamais isso poderia ter ocorrido. Os marinheiros, "devorados pela curiosidade, aproveitam um instante de desatenção do herói – Ulisses dorme – para abrir o saco (o mesmo significado da caixa de Pandora) bem na hora em que já se avistava o litoral de Ítaca".[59] Que lástima! Tantos anos tentando voltar para casa, os ventos sopram ao contrário e o navio volta à jornada que deveria ter terminado. Ulisses arrepende-se profundamente por haver caído no sono. A guerra terminou, Troia desabou, Aquiles morreu, mas Ulisses não consegue voltar para casa.

Acaso não estaríamos todos nós em um longo sono do qual não acordamos, sonhamos e pensamos estar vivendo? Na bela trilogia *Matrix*, vivemos todos numa programação de algoritmo global. No mundo de *Matrix*, estamos programados para viver e sentir tudo o que percebemos segundo o algoritmo que predetermina nossos sentidos. Platão poderia ser tomado como o verdadeiro criador de *Matrix*. Na *Alegoria da Caverna*, pensamos ver o real das coisas, mas são apenas sombras dos corpos refletidos no fundo da caverna. Em Freud, a verdade sobre nós está em nossos sonhos, ou seja, dormimos para sonhar ou para nos encontrar em sono. São as verdades sobre nós mesmos que não suportamos enfrentar enquanto estamos acordados – por isso fazemos isso em voos noturnos, embora também sonhemos para continuar dormindo.

No belo filme *A origem*, com Leonardo DiCaprio, é dito sobre a prática do sono:

"Eles dormem para acordar". Em outro paradoxo, no clássico *Ensaio sobre a cegueira*, de José Saramago, o autor diz: "É preciso ficar cego para começar a enxergar". Temermos estar acordados, por isso entramos em devaneios. Sombras da caverna platônica, onde insistimos em permanecer.

Tudo se alterna entre sujeitos subjetivos e realidades objetivas. Não queremos os solavancos do mar; desejamos apenas as águas serenas de um lago raso que deságua, em segurança, suas marolas na areia.

Em Mateus, no lago da Galileia, Jesus dormia um sono sem culpa, como se o lago permanecesse silente e sereno. Dormia o sono dos que estão em perfeita paz de espírito e harmonia com o cosmos. O homem consciente de si mesmo dorme em paz no meio da tempestade. Por outro lado, em desespero, estão os discípulos. O homem do desespero é aquele

---

[59] FERRY, 2009, p. 159.

que faz tombar o barco, ainda que navegue em águas tranquilas. Jesus está ensinando lições de como fazer para estar em harmonia com a ordem cósmica: ele dorme durante a tempestade. E dorme exatamente no mar, por estar em harmonia com a natureza.

O homem comum desespera-se por haver perdido a sintonia com a natureza. A tempestade existe, a calmaria existe, e nós existimos nos dois estados da natureza, bem como nas passagens entre um e outro. O desespero humano é a perda dessa conexão com as passagens, entre um estado de calmaria e a quebra da ordem. A ruptura é justamente a porta aberta ao caos. Ocorre que nós idealizamos a perpétua felicidade – a ilusão infantil de homens adultos. O tempo fora da ordem, fora do nosso controle mental, é o caos, espaços lisos entre os espaços estriados. No caso dos pescadores, a fé é a conexão que falta.

4.1 PAUSA PARA PENSAR

Os homens de "fé pequena" e "medrosos" são esses do lago da Galileia, quando comparados aos marujos de Ulisses. Eles enfrentavam os ventos fortes e as ondas muito mais ameaçadoras. De acordo com Luc Ferry, "Tirésias confirma que Ulisses acabará voltando para casa, mas depois de ter visto morrer todos os companheiros e afundar o seu navio".[60] O homem desespera-se por ser consciente de sua finitude. Tal consciência é também aquilo que o leva a perceber a separação da natureza. Sua percepção é a da separação do estado de fusão com a natureza que se desfez. Tal separação faz-nos perder o mundo. E o que perdemos são as sensações puras da natureza, as unidades óptica e sonora dela. Apenas escutamos e vemos sons e imagens humanas da natureza, mas o mundo sonoro e óptico perdeu-se, por isso sentimos medo diante da natureza e da natureza em nós.

Segundo a análise de Kierkegaard,[61] o desespero humano está relacionado à constituição do "eu" (espírito). O primeiro momento do desespero é antropológico, constituindo-se na relação do eu consigo mesmo. O homem

---

[60] FERRY, 2009, p. 162.
[61] KIEKEGAARD, Søren. *O desespero humano*. Tradução de Alex Martins. São Paulo: Martin Claret, 2002.

deverá estudar o desespero da relação do eu consigo mesmo e, depois, a relação do eu com Deus. As teses essenciais têm início pela tarefa de tornar-se em si mesmo. O ser humano é um espírito, não no sentido das teses religiosas ou filosóficas do dualismo corpo-espírito como em Descartes, mas no sentido psicológico. O ser humano, ao se definir por uma entidade psicológica, o "eu" (espírito, em Kierkegaard), torna-se um ser espiritual no todo. Logo, sua relação com o desespero deve ser enfrentada em nível espiritual.

O "eu" é uma faculdade racional e Kierkegaard acredita que o espírito é razão. O ser humano dotado de razão é capaz de relacionar-se consigo mesmo. Ou seja, o "eu" é capaz de voltar-se para si e constituir significados de si próprio. A questão de um eu, e de um corpo no qual esse "eu" reside, define o ser humano como um ser inacabado, um ser em processo contínuo de dialética com o dentro e o fora, do corpo finito e do espírito que toca o infinito. Somos todos assim, feitos de elementos contraditórios, antitéticos (razão e espírito, corpo e alma, finito e infinito, temporal e eterno).

O desespero humano é sua própria condição de realização, em cada instante de sua existência – o humano precisa realizar sínteses com sua reflexão na faculdade da razão.[62] A tarefa consiste em mais do que constituir um ser; conceber o si mesmo. A problemática consiste em diferenciar-se dos animais da natureza, que não precisam fazer uma síntese dos elementos opostos. Na tarefa de síntese, do eu consigo mesmo, está o primeiro nível do desespero. O indivíduo encontra-se na situação existencial de definir-se a partir de elementos provisórios. O "eu" não tem sua origem em si mesmo. Em psicanálise, o eu é o outro. O "eu" nasce da relação com o outro e depende desse outro para reconhecer-se no mundo. Imagina que o indivíduo espera que o outro diga quem o "eu" é, seu nome, sua sexualidade, sua identidade e tudo o mais estaria alhures do si mesmo, à espera da validação de sua existência e do que vem de fora do "eu".

Nesse estágio, portanto, nasce a angústia do "eu" não ser. Para Kierkegaard, essa angústia é estruturante. Na psicanálise, é uma fase do desenvolvimento, o tempo da subjetivação do sujeito, a formação de um narcisismo

---

[62] Aos leitores de filosofia cabe aqui uma advertência: a de não confundir os conceitos em Kierkegaard com os da Razão em Emmanuel Kant ou os do Ser em Martin Heidegger. A razão em Kant é a chave de sua filosofia. *As três críticas da razão* referem-se à faculdade de ser capaz de conhecer, de produzir o conhecimento e de decidir sobre o viver de acordo com as leis morais do juízo racional. Em Heidegger, o ser-aí (*dasein*) deve ser capaz de se autodefinir no mundo sem um ente superior. No contexto filosófico de Kierkegaard, o homem só pode ser definido na relação com seu criador: Deus.

primário, de onde os indivíduos deverão desprender-se nos processos de singularização. Esse longo processo tem suas marcas, seus pequenos traumas, seus lutos contínuos, suas demolições de ilusão do "eu", as quais vão se desfazendo pelos caminhos do desenvolvimento: as feridas narcísicas aguardam-nos em cada esquina.

Em Jacques Lacan, essa fase crucial do nascimento do eu não é diferente de Freud. A releitura da psicanálise por Lacan desenvolve a noção do estágio do espelho como a formação do "eu". O "eu" é o outro em mim e suas marcas levam, de igual forma, à angústia (desespero) do desejo, ou do desejo do desejo do outro. Trata-se do desespero de não ter o desejo do outro exclusivamente para si. É a forma imbricada da definição de desejo em Lacan: o desejo é ter o desejo do outro para mim, que o outro me deseje exclusivamente. Não estaria, assim, o indivíduo fadado ao desespero?

Esses, contudo, são planos da psicanálise. Fiz esse rápido desvio para ampliar uma possível psicologia do ego em Kierkegaard. Mas voltemos ao teólogo dinamarquês. Nele, a relação do "eu" não deve ficar fixada no primeiro nível "eu" com "eu" – "eu" = "eu". Até aqui definimos parte do ser humano, um ser dotado de razão, capaz de relacionar-se consigo mesmo, mas, ainda aqui, trata-se de um ser inacabado. Permanecendo na consciência de seus elementos contraditórios, o desespero é um desespero congelante, sem salvação. Nesse nível, diferentemente de Martin Heidegger, a angústia apenas paralisa o indivíduo. O "eu" não encontra em si mesmo as ferramentas para dar um salto e solucionar seu desespero. Não foi o "eu" quem criou o homem, portanto, se depender do "eu", ele mesmo entra em colapso.

Kierkegaard convida o humano a dar o segundo passo na tarefa de transformar o desespero em um meio de evoluir, do ser ao si mesmo. Como o ser humano é um ser definido por sua espiritualidade, apenas nesse plano ele pode encontrar sua *singularidade*.[63] Temos que considerar o fato de estarmos dialogando com um teólogo que, embora cristão, permanece na condição de filósofo.

Kierkegaard faz um refinamento das teses teológicas para introduzir o cristianismo em planos filosóficos – e consegue fazê-lo sem comprometer a filosofia, nem o cristianismo. No existencialismo alemão e francês, o homem vai definir-se no tempo e no mundo (Heidegger, *Ser e tempo*; Sartre,

---

[63] Essa expressão não está em Kierkegaard. Aqui, faço uso da singularidade por compreender que o processo de elaboração de si mesmo passa necessariamente por esse estágio.

O ser e o nada); em Kierkegaard, a síntese realizada pelo homem é feita no campo espiritual.

Se o homem tem sua origem em Deus, é n'Ele que o homem singulariza-se e torna-se o que realmente é. Essa dependência de sua origem impede que o homem encontre paz e harmonia em si e consigo mesmo. Para encontrar-se, o humano deve perder-se, desvencilhar-se dos arranjos que fez consigo mesmo, dos utensílios que o constituem provisoriamente como a entidade psicológica chamada "eu", e lançar-se no infinito Deus.

O desespero é a doença mortal de um desacordo interior que indica a impossibilidade de o "eu" resolver-se de si para si mesmo. Isso leva a uma condição irredutível: a de que só um ser espiritual está em condição de desesperar-se. Somente o humano desespera-se, uma vez que não pode destruir a causa do desespero que está nele sem destruir-se por inteiro. A ponte que Kierkegaard construiu para a superação do desespero é a parte que o homem não pode matar para libertar-se do desespero, a parte espiritual, que é a ponte entre sua mortalidade e o espírito que o lança em Deus. E a travessia dessa ponte é a fé.

O "eu", ao mesmo tempo psicológico e racional, tem um pé na consciência da finitude e uma projeção no infinito, e o fio de ligação entre esse contraponto é a fé. Nesse caso, não haveria desespero? Para o teólogo, há desespero nas duas situações, porém o desespero da consciência que projeta o humano ao infinito por meio da fé leva-o a um salto para Deus. O desespero nesse nível, no espaço entre o "eu" e Deus, é a própria salvação do desespero.

4.2 DE VOLTA AO TEXTO

Agora, depois desse longo caminho, podemos voltar aos discípulos desesperados no barco, no lago da Galileia. Cristo dormia tranquilamente em meio à tempestade. Os discípulos desesperavam-se. Vamos transportar a tese de Kierkegaard e aplicá-la a essa cena. Não podemos negar que Cristo não seja dotado de um "eu" psicológico, de sua parte humana e finita. Desde os 12 anos, Cristo iniciou a despedida do "eu" dependente do outro ao deixar os pais seguirem para o Egito, enquanto ele, ainda menino, permaneceu no templo discutindo com os doutores das leis judaicas – ele mesmo está passando da infância para a vida adulta (*Bar Mitzvá*). Mais tarde, nas Bodas de Caná, Jesus reafirmaria sua singularidade no milagre do casamento.

Vou resumir a passagem (João 2.1-11).

Maria diz ao seu filho, alguém que, segundo ela confiava, tinha poder para solucionar o problema: "Eles não têm vinho". Maria estava ciente da relação do filho com o infinito, até porque ele já dissera na puberdade: "Importa fazer o trabalho de meu pai". Ele não se referia, aqui, ao trabalho de carpintaria. Ele mesmo tinha consciência do processo de desligamento dos pais terrenos e da conexão com o pai infinito.

O mal-estar de um indivíduo situa-se no entremeio de sua razão consciente e de sua estrutura emocional, que nunca segue na mesma direção. No plano subjetivo, um indivíduo permanece emocionalmente ligado aos pais da infância. Por outro lado, luta para assumir a vida de adulto, pois a razão assim exige dele. Nesse intervalo, entre uma instância e outra, há um fosso abissal de angústia e sofrimento mental.

Cristo estava acima desse homem subjetivo. Ele é singularidade pura – no dizer de Duns Scot, *hecceidade*. Ele é em si mesmo na fusão com o Grande Outro, o que produz um puro estado de beatitude. Tomo o conceito do *além-homem* de Nietzsche para aplicá-lo a esse tipo de homem, um homem acima do ressentimento – um homem que superou o ressentimento, o nojo ao mundo e as paixões tristes que conduzem o homem comum à negação da vida. Pelo contrário, ele afirma a vida. Estou ciente da alusão à Nietzsche, os seguidores do filósofo alemão não concordarão com essa relação. Como disse, o mundo é perspectivismo, logo, essa também é uma perspectiva.

"Que importa isso a mim e a ti, mulher? Ainda não chegou a minha hora". A resposta de Cristo parece ríspida, e nós temos de levar em consideração o contexto e a tradução do aramaico (em geral, esses diálogos estavam em aramaico) ou grego. Mas ele deixou claro que as relações da formação de um eu primário estavam desfeitas. Jesus tinha plena consciência de sua fusão com a natureza eterna e divina – estando em Deus, ele mesmo era Deus. Nosso entendimento precário da linguagem não está em consonância com o entendimento de Maria – ela compreendeu perfeitamente a resposta do homem-Deus: "Fazei tudo o que Ele vos disser". O restante do texto deixarei por conta dos leitores. Sabemos o que aconteceu depois disso.

Voltemos ao barco que não naufragou. Jesus dorme porque não há desespero no humano quando esse homem é consciente de sua natureza e do que pode fazer. Ele efetuara o desligamento emocional de seus pais ainda na puberdade. Mais tarde, nas bodas e no barco agitado pelas ondas, ele tinha consciência plena de sua natureza eterna. Os discípulos ainda estão na infância da idade espiritual. O desespero do homem adulto é uma regressão aos medos da infância – nesse contexto. É a ausência da consciência do si mesmo. Na verdade, falta neles o segundo nível de progressão. A fusão com a eternidade, que é de uma interioridade esquecida.

Os discípulos estão dois passos atrás do processo de superação do desespero. Por isso Jesus disse: "Como é pequena a fé que vocês têm!". Eles mesmos são limitados, pequenos demais para a missão que desejavam desempenhar. Não sabiam ainda o que desejavam e imaginavam um reino dentro de outro. Mais uma vez, reaparece a questão da exterioridade submetendo a interioridade. Os humanos só podem ver o que lhes é comum, imagens humanas da natureza, uma redução do mundo aos seus limites já bem reduzidos.

Jesus também os classificou como medrosos. Não deveriam ser medrosos nem temerários. Lembrando o equilíbrio da temperança em Aristóteles, deveriam estar entre os temerários e os medrosos – os corajosos. Para isso precisavam apenas ter fé. Lembrando, a fé faz a síntese da natureza finita e da natureza infinita, da mortal e da imortal, da exterioridade e da interioridade. É pela fé que Abraão, na maior das angústias, deu o salto para a natureza eterna – Abraão, o pai da fé.

Chamo a atenção para o fato de que essa superação do desespero em Kierkegaard não é um fragmento teórico da formação do "eu", é uma teoria filosófica com dimensão na ciência dogmática, conforme o autor. O desespero humano não pode ser solucionado na psicologia, nem na medicação psiquiátrica, mas na ciência dogmática. A tese de Kierkegaard, é uma dentre outras. A filosofia nunca se fecha em uma única possibilidade. O ser humano é singular, de modo que, singularmente, ele salva-se da angústia. O desespero é o salto de fé, o último estágio do processo que faz o humano maior do que esse homem pequeno que se apequena diante do mar.

5
O FILHO PRÓDIGO

Quem somos e a maneira como nos relacionamos com o mundo são indicadores muito mais seguros de como nossos filhos serão do que tudo o que sabemos sobre criar filhos. Em se tratando de criar as crianças sobre viver com ousadia na sociedade da escassez, a questão não é tanto "Você está educando seus filhos de maneira certa?", mas, sim, "Você é o adulto que deseja que seus filhos se tornem um dia?".

(Brené Brown)[64]

---

[64] BROWN, Brené. *A coragem de ser imperfeito*. Tradução de Joel Macedo. Rio de Janeiro: Sextante, 2012, p. 159.

O significado da palavra *pródigo* apresenta variações e nuances de sentido, mas pode situar-se no mesmo sujeito da ação pródiga, seja dessa forma que sempre se lê a parábola, seja de outras perspectivas. Pródigo pode ser aquele que "dissipa seus bens", que "gasta mais do que o necessário": o gastador, o esbanjador, o perdulário. Esse é o sentido atribuído ao comportamento do filho mais novo da "parábola do filho pródigo". Mas o significado pode ser outro, qual seja, "aquele que é generoso ao dar": o liberal, o magnânimo, "é pródigo na caridade, mas não faz alarde disso". Ou, ainda, aquele que "produz em abundância", aquele que é fértil, fecundo.

Desse último exemplo podemos pensar em terras pródigas, férteis, terras que produzem uma multiplicidade de alimentos, ou, ainda, lembramos pessoas especiais que, tendo frutos extraordinários no trabalho, devolve à sociedade em forma de bondade incondicional parte de seu sucesso material. Esses diferentes significados são faces do "filho pródigo", que, em geral, é mal-interpretado, ou só é interpretado segundo a vertente negativa do filho desobediente e de caráter irresponsável. Acaso existe outra maneira de ler-se a "parábola do filho pródigo" além da interpretação que dela se fez? De outra perspectiva, o centro da questão pode não ser o de uma moral da obediência ou de seu oposto, da imoralidade da desobediência, aquele que vive a serviço da falsa ideia de que não há outra possibilidade de existir.

Então olhamos o outro filho, aquele que fica para cuidar das coisas, obedientemente servindo à família e preservando seu patrimônio. Há situações em que a desobediência pode trazer reflexões importantes para a família e para as sociedades, quando essa desobediência não ameaça a vida, mas sendo, ela mesma, uma alternativa de vida.

Na história existem pessoas que romperam com o senso comum e o bom senso, aquelas que discordaram da regra geral: Nicolai Copérnico, Galileu Galilei, Cristóvão Colombo, Giordano Bruno, Jesus Cristo, Baruch de Espinosa, Sigmund Freud, Franz Kafka, Caroline Herschel, Ada Lovelace, Marie Curie, Lise Meitner, Rosalind Franklin, Steve Jobs... A lista de transgressores é enorme: uns não se permitiram obedecer àqueles que os subestimaram; outros, por sua vez, afrontaram o *status quo* de seu tempo. As mulheres enfrentaram o preconceito e a discriminação para entrar nas áreas de domínio masculino. Em cada família há sempre o filho ou a filha que segue adiante, independentemente de permissão.

O que importa não é o filho que fica, mas o filho que vai. Os filhos existem para ir mesmo e, com frequência, a ida é traumática, sem planejamento e sem acordo entre as partes – quando é assim, os pais ficam sofrendo em casa e o filho parte cheio de culpa. Em casos tais, o regresso pode ser amargo. O que os pais não entendem é que eles são apenas meios para os filhos entrarem no mundo. São meios para que o partir para o mundo seja o menos traumático possível. Mas criar trajetos é essencial às atividades psíquicas – e os trajetos são criados territorializando, desterritorializando e reterritorializando os mapas que os pais desenharam.

Nesse sentido, o próprio cérebro inventa trajetos, conexões sem-fim, para que haja sinapses correspondentes às respostas das demandas sensoriais. O neurocientista Antônio Damásio faz uma análise prodigiosa sobre nossa chegada a esse lugar na história, a esse ponto de desenvolvimento, exatamente porque nosso cérebro desenvolveu-se, ampliando as possibilidades de resposta ao meio em que vive. Os trajetos, os mapas e os devires é que estimulam o cérebro a levar o corpo a descobrir o que é capaz de afetá-lo. Euforias, paixões, motivações, tristezas, arrependimentos e culpas são atividades cerebrais de qualquer humano que se move.

O filho pródigo, por um lado, é forte: ele está enfrentando toda a concepção de família, de igreja e de mundo. Uma solidão de escolha radical. Ele vai abrir caminhos no mundo – caminhos que permanecerão desconhecidos ao filho que fica caso não saia. É o filho pródigo quem vai abrir caminhos para o irmão sair mais tarde.

A partida é pulsão de morte, pulsão de demolição, mas também, é pulsão de vida. Há dor e tristeza na partida, mas nós somos assim, sempre fomos e continuaremos a ser. Nada aconteceria no mundo se só existisse a pulsão de conservação, que nos leva a buscar uma zona confortável sob a lógica da servidão, da renúncia ao desejo e à expansão das possibilidades a serem testadas.

Françoise Dolto, psicanalista de crianças, diz do irmão mais velho: "Ele viveu como um bom filho dedicado à 'necessidade', isto é, trabalhar para produzir e comer para consumir. É obediente".[65] Não há nada de errado nisso, em ser obediente e permanecer em casa. Nosso equívoco é não admitir que possa haver um filho diferente, de personalidade diferente, ainda que seja um "pródigo" (esbanjador), mas que é diferente do irmão. A referência não é o "bom" filho ou o "mau" filho. Na verdade, não há referência, exceto na subjetividade dos pais. Os filhos prediletos acabam revelando certa disfuncionalidade nas famílias. Ciúme, inveja e competição, tudo isso gera rivalidades e intrigas no seio familiar.

---

[65] DOLTO, 1979, p. 58.

5.1 PAUSA PARA PENSAR

> Jamais consegui nada, nem mesmo ser malvado, não consegui ser belo, nem mau, nem canalha, nem herói, nem mesmo um inseto. E agora termino a existência no meu cantinho, onde tento piedosamente me consolar, aliás, sem sucesso, dizendo-me que um homem inteligente não consegue nunca ser alguma coisa, e que só o imbecil triunfa. Sim, meus senhores, o homem do século XIX tem o dever de ser essencialmente destituído de caráter, o homem de ação é um homem essencialmente medíocre. Tal é a convicção de meus quarenta anos de existência.[66]

Essa é a posição do filho que fica, na leitura que se faz da parábola, a da referência do bom filho. É preciso ir embora seguindo a seta do tempo, ainda que se "quebre a cara" no caminho. O filho que fica é a própria pulsão de conservação. Faz parecer que, com ele, tudo permanecerá o mesmo.

O filho pródigo, por sua vez, é a pulsão de morte que irrompe, o excesso de vida impossível de conter-nos nos parâmetros da família. Pulsão de morte não é negatividade no sentido comum do termo. É vida em excesso em um corpo que ficou demasiadamente pequeno para comportar a expansão de uma vida. É preciso expandir, crescer e subir até o limite do que o corpo pode.

Em cada indivíduo vivo existe um jogo de forças: de um lado, dionisíaco; de outro, apolínio. Um filho da calmaria e o outro da tempestade. Algumas vezes, como na mitologia grega, os próprios irmãos é que se diferenciam em traços apolínios e com o ímpeto dionisíaco. Serenidade e descontrole, brisa e ventania, conservação e demolição. Dionísio é a fúria, a volúpia. Apolo é a introspecção, a reflexão e o equilíbrio. Acaso Jesus não estaria falando do mesmo ser humano, nas duas facetas do mesmo indivíduo?

---

[66] DOSTOIÉVISKI, Fiodor. O subsolo. *In*: DOSTOIÉVISKI, Fiodor. *Os mais brilhantes contos de Dostoiévski*. Tradução de Ruth Guimarães. Rio de Janeiro: Edições de Ouro, 1970, p. 27.

A fúria do "bom menino" vai aparecer no momento do amargo regresso do irmão – o bom filho corrói-se de ira e ciúmes.

A escritora Ellen White, de forma inspirada, relata a mudança de direção da parábola:

> Até aqui, na parábola do Salvador, não há nota discordante para destoar a harmonia da cena de júbilo; agora, porém, Cristo introduz um novo elemento. Ao voltar o filho pródigo, o primogênito estava "no campo"; e, chegando-se a casa, ouviu a música e a dança (Lucas 15.25). Chamou um dos criados e perguntou-lhe o que significavam essas coisas. Retrucou-lhe este: "Veio teu irmão; e teu pai matou o bezerro cevado, porque o recebeu são e salvo". Mas ele se indignou e não queria entrar (Lucas 15.27, 28). Este irmão mais velho não participara da ansiedade e da expectativa do pai por aquele que se perdera. Não partilha, por isso, da alegria paterna pela volta do errante. Os cânticos de alegria não lhe inflamam contentamento ao coração. Pergunta a um servo pelo motivo da festa, e a resposta aviva-lhe o ciúme. Não quer entrar para dar as boas-vindas ao irmão perdido. O favor mostrado ao pródigo, considera-o um insulto a si próprio. Quando o pai sai para argumentar com ele, o orgulho e a maldade de sua natureza são revelados. Expõe sua vida na casa paterna como um ciclo de serviço não reconhecido e, então, contrasta de modo ingrato o favor mostrado ao filho que acabava de voltar. Demonstra que seu serviço era antes o de servo, e não de filho.[67]

Nem família, nem igreja podem conter esse fenômeno de vida. O pai do filho pródigo cumpre belamente seu papel. Quando o filho precisa voltar – por razões óbvias –, ele o recebe com festa, esse é o papel do amor.

---

[67] WHITE, Ellen. *Parábolas de Jesus*. São Paulo: Casa Publicadora Brasileira, 1964, p. 207. Disponível em Parábolas de Jesus (1964) (centrowhite.org.br). Acesso em: 17 dez. 2023.

É como se dissesse: "A vida é experimentação". Nesse momento, aparece a verdadeira face do filho acomodado: ele sente ciúme do tratamento dispensado ao irmão transgressor. E o que é curioso: ciúme é o mais infantil dos sentimentos. Crescemos em tamanho e idade, somamos experiências vividas, mas o ciúme permanece como um traço da nossa infantilidade. É o desejo de possuir o desejo do outro só para mim.

Uma questão – apenas uma questão – sobre viver muito sem arriscar nada ou viver correndo risco, ainda que em menor duração. Uma vida demasiadamente extensa, mas pequena em acontecimentos, não parece vida, mas apenas tempo gasto.

> Alexandre III, da Macedônia, mais conhecido como Alexandre, o Grande, morreu aos 32 anos de idade, uma diferença de dois anos mais ou menos em relação a Jesus Cristo. Nesses breves anos de existência, Alexandre construiu um império que incluía a Grécia, a Macedônia, o Oriente Médio, o Egito, a Ásia Menor, a Mesopotâmia, a Pérsia e além, Afeganistão adentro, Ásia Central.[68]

De outra forma, sem derramar sangue ou ferir corpo algum, Jesus de Nazaré, também com uma vida muito curta em anos, mas intensa e incomparável, conquistou um império apenas tocando o coração humano. Alexandre enriqueceu o mundo com a filosofia e a riqueza cultural da Grécia. Hoje, "falamos grego", mesmo que o imperador nunca tenha chegado às nossas terras. Por outro lado, Cristo, o Pacificador de Corações Aflitos, atravessou oceanos e continentes, aparentemente sem jamais ter saído dos limites de sua pátria. A História é a História anterior a Cristo e a História posterior a Cristo. Uma vida curta pode ser o motor da história. Uma vida longa sem propósito compõe-se, basicamente, de anos de estada no mundo.

Nessa mesma época, muitos homens tiveram uma vida longa, mas não são lembrados – talvez por injustiça da história. No entanto o certo é que a maior parte desses esquecidos nada fez para merecer registro na história. Sem feitos, sem legado, sem registro, sem memória; apenas tempo gasto,

---

[68] MONTEFIORE, Simon Sebag. *Titãs da história*: os gigantes que mudaram o nosso mundo. Tradução de Renato Marques. São Paulo: Planeta do Brasil, 2018, p. 52-53.

como diria Sêneca. Há também os que são lembrados tendo vivido uma vida longa ou curta, mas por causa de seus feitos horrendos. Não os citarei aqui.

Dizem que as regras foram feitas para que sejam quebradas. Não creio que seja assim, dessa forma simplista. Porém, de uma forma ou de outra, as regras acabam sendo reinventadas. Não há – nem nunca houve – manuais para educar filhos que sirvam para padronizar os modos de ser. Cada filho (ou filha) é uma experiência única e que não serve para mais ninguém.

É preciso ter coragem para transgredir. Foi assim em todos os momentos de quebra de paradigmas, nos momentos de ruptura na história, nos recomeços. A transgressão a que me refiro é algo inevitável, são situações limítrofes que se desdobram na vida dos indivíduos ou de uma civilização. Os fins de paradigmas que repercutiram na humanidade inteira foram atos de "transgressão" – alguns homens e mulheres geniais mudaram o mundo, mas não sem receberem, em troca, desprezo, serem alvo de crítica e correrem muitos riscos.[69]

5.2 DE VOLTA AO TEXTO

Agora, voltemos à família da parábola. O filho mais velho, enciumado com a recepção que o pai oferecia ao filho que voltou, demonstrou que

> [...] seu coração era insensível e egoísta. Não possuía amigos bastante queridos para "perder" tempo e "dinheiro" com eles. Na sua vida de obediência e utilitária, não havia lugar para alegria, para surpresas, para encontros com os outros, para o risco [...] sim, o risco de perder mais [...] de perder o quê? A vida?[70]

---

[69] "Nietzsche diz em algum lugar que um espírito livre não se move para que as regras caiam ou mesmo para que sejam reformuladas, uma vez que é apenas quebrando as regras que eles se conscientizam de sua vontade de querer. Uma pessoa precisar provar (para si mesma, se não para alguém mais) sua capacidade de romper com as regras do rebanho [...]" (BEY, Hakim. *Caos*: terrorismo poético & outros crimes exemplares. São Paulo: Conrad Livros, 2003, p. CIX).
[70] DOLTO, 1979, p. 59.

Ele não festeja com o pai a volta do irmão; ao contrário, explode em cólera. A revolução do irmão foi sair de casa. É fato que ele foi mesmo irresponsável no trato com o dinheiro, mas deve ter muitas histórias para contar, podendo até mesmo despertar a curiosidade do irmão e ensiná-lo a tomar decisões no futuro com mais sabedoria.

O mundo inteiro muda numa transgressão. Em *O Príncipe*, Maquiavel teve a ousadia de dizer que não são os deuses que colocam homens nos tronos; são os próprios homens que, usando de qualquer meio para atingir seus fins, permanecem no poder. "Os fins justificam os meios"[71] na política. Nicolau Copérnico, Charles Darwin e Sigmund Freud demonstraram, sucessivamente, cada qual em seu campo de pesquisa, que ir além pode ser benéfico a toda a posteridade. Primeiro, a terra não é o centro do universo, portanto o homem também é descentrado. Na biologia de Darwin, o homem não é tão bom quanto parece ser: sobrevive o mais apto e o que melhor adapta-se ao ambiente. E Freud fere, de forma profunda, o narcisismo do animal racional. O homem não é determinado pela razão, mas pelo desejo inconsciente. Assim foi no Renascimento, um tempo no qual os homens ousaram olhar para fora do mundo e reconhecer sua insignificância no universo. Mais tarde, em direção inversa, passou-se a olhar para o microuniverso da biologia.

A genialidade de Sigmund Freud levou-nos diretamente ao caldeirão efervescente do inconsciente. Pensem em Baruch de Espinosa, um jovem franzino que foi educado por um pai austero para ser rabino, mas escolheu ser geômetra e entrou para a história como o filósofo mais sublime do pensamento moderno. Com elegância, escreveu sobre os temas mais complexos da história da filosofia: a vida como imanência pura; Deus como substância infinita; a ética baseada na potência de agir do corpo; a consciência como consciência do corpo. A consciência é corpo. Espinosa decretou o fim da dualidade mente-corpo. Hoje, os temas desse grande pensador servem de base à neurociência.[72]

Os "transgressores são aqueles que fazem o mundo mudar. Por isso fazer a história, acelerar os passos dos acontecimentos, isso é coisa de "pródigos".

---

[71] Essa frase também é atribuída a Ovídio.
[72] Sobre o tema, Antônio Damásio, *O erro de Descartes* (2012), *Em busca de Espinosa* (2004), *O mistério da consciência* (2015) e *E o cérebro inventou o homem* (2011).

5.3 EXPERIMENTADORES COM A PRÓPRIA VIDA

Os pais e os filhos são experimentadores. Assim, convidamos todos – homens e mulheres – a continuarem sendo experimentadores até o último dia de vida. Não é assim em toda a natureza? Tudo que é vivo pratica ensaio e erro para continuar existindo no mundo. Descobrimos nossas forças e possibilidades à base de tentativa e erro, de experimentações. O conselho é ser prudente. Afinal, nas experimentações estamos na iminência de descobrir o que é possível ao corpo. "Injeções de prudência",[73] como diz o protocolo de experimentações em Gilles Deleuze e Félix Guattari.

Sugestões filosóficas aos pais e filhos

O contexto familiar autotélico

- 1 *"Clareza em relação ao que se espera; metas e feedback na interação familiar são inequívocos"* (nem sempre o que se espera nos aparece com a nitidez desejada, nunca se sabe que caminhos os filhos vão tomar, essa indefinição pode gerar ansiedade, mas a surpresa faz parte da criação de filhos, nós mesmos os pais, chegamos onde chegamos, nos realizamos em parte porque muitas das coisas planejadas não deram certo);

- 2 *"Centramento - interesse no que fazem no presente mais do que a expectativa do futuro"* (conversar, ouvir e interpretar os sinais que os filhos nos dão, algumas vezes em suas pequenas transgressões, é parte do interesse no presente. Um dia fui chamando pela diretora da escola de meu filho por ele estar faltando às aulas. Foi uma surpresa ouvir, pois eu mesmo o levei à escola. Procurei ouvir a explicação dele, realmente faltou às aulas, fugia pela porta dos fundos e ia para uma loja de games da cidade jogar Role-playing game. Negociamos o problema com ele, hoje é um profissional em design de internet);

---

[73] DELEUZE, Gilles; GUATTARI, Félix. *Mil platôs*: como fazer para si um corpo sem órgãos. Tradução de Aurélio de Guèrra Neto. São Paulo: Editora 34, 1996, v. 3, p. 9-30.

- 3) *"Escolha - incluindo a de romper com as normas dos pais — contanto que estejam preparados para enfrentar as consequências;"* (esse foi o caso do filho pródigo, ele não estava devidamente preparado para o rompimento, os pais devem ser os meios para esse rompimento, eles mesmos romperam com os seus pais um dia. Imagina permanecer na casa dos pais em indefinido. Conheço filhos de 40 anos que ainda dependem de mesadas dos pais para viver. Pode ser sinal de obstrução emocional em pontos de desligamento que não houve. Os filhos precisam ir embora para suas casas e seguir suas vidas).

- 4) *"Comprometimento - a confiança que permite à criança se sentir à vontade o bastante para experimentar"* (algumas vezes as crianças são punidas por falarem a verdade, pode apostar que na próxima vez que precisarem não falaram mais. A cumplicidade entre pais e filhos nasce da cumplicidade, escutar os motivos, apresentar alternativas e responsabilizar os filhos por seus atos não precisa gerar culpa e punição, muitas vezes eles mesmos estão se punindo. Não esquecer que a culpa gera punição de algum modo)*;*

- 5) *"Desafio - a dedicação dos pais em fornecer oportunidades cada vez mais complexas de ação para seus filhos"* (Não exagerar nas doses dos desafios, um cérebro faz sínteses dos desafios, junto à mente o organismo corpo-mente, faz avaliações e julgam a proporção dos desafios. Se os desafios forem de baixa exigência não motiva por não desafiar suficientemente, mas se forem demasiados grandes, também não motivam por avaliarem os riscos e temerem o fracasso. Que sejam desafios prudentes, em parcelas diárias como na taxonomia pedagógica de Bloom. Mihaly Csikszentmihalyi [74]*(Flow* - A psicologia do alto desempenho e da felicidade. Rio de Janeiro: Objetiva, 2020).

---

[74] Neurociência, Psicologia Positiva e *Mindfulness*. Aula (EAD) com a professora Aline Castra: **Alta Performance e Equilíbrio Mental**. PUC-PR, 2023.

6

A MULHER ADÚLTERA

Dizer "falso moralismo" é contraditório. Não confundir com a doutrina moral em Kant; é outra coisa, de outro contexto. Kant é refinado. Existe o verdadeiro moralismo? Devo desconfiar que o verdadeiro moralismo se funda em base "falsa", ao contrário do que reivindica o moralista. O verdadeiro moralista é verdadeiramente falso. A linguagem tem como regra geral a imprecisão, divididos, como disse Lacan, sujeitos de adequação à linguagem ou adequamos a linguagem aos nossos propósitos de desejo. E ficamos muito mais divididos quando a divisão é exteriorizada em atos. No caso do moralismo, pode-se ter uma aproximação da linguagem pelo seu oposto. O significante – de onde parte o discurso moralista – é imoral. A imoralidade do motivo moralista justifica a sua exterioridade. O significante é o pano de fundo do significado, do exteriorizado no discurso – nesse caso, a imoralidade opera a produção de uma falsa moralidade. Por isso os moralistas são, em sua maioria, paranoicos. Eles precisam repetir palavras de ordem, arregimentar seguidores e doutriná-los, eliminando as possíveis contradições externas. Vigiar as brechas das argumentações e costurar as fissuras. Remendar em axiomas para manter o sentido ameaçado e, às vezes, perdido. Existe um monstro assustadoramente imoral vindo à superfície da pele de todo moralista. Ele tenta, mas isso fica visível nas contradições e na superficialidade das argumentações. Nos atos falhos, nos sonhos e nos chistes, encontra-se a verdadeira face do moralista: a imoralidade real.

(Clécio Branco, no Café)

As pessoas – objeto da aplicação das leis e dos costumes – eram demasiadamente desamparadas, muito solitárias. A "mulher adúltera" é uma dessas pessoas solitárias e desamparadas em uma sociedade excessivamente religiosa e punitiva.

O encontro está em João 8.1-11. Trata-se da lei e não da mulher. O objetivo é usar a mulher como meio para colocar Cristo em uma situação que o levasse ao tribunal inquisitório. Essa mulher estava sendo usada mais uma vez – agora, pelos homens "bons e de bons costumes", esses mesmos, do nosso tempo. Os homens de família e de "Deus acima de tudo" em geral não são. Trata-se apenas de um *slogan* político rasteiro. Via de regra, esses mesmos seres não creem em Deus nenhum e suas famílias são desajustadas.

A lei está em Levítico 20.10 e diz que se um homem for flagrado em adultério com uma mulher ambos serão mortos. Não diz que a mulher seria morta sozinha, por isso refiro-me ao desamparo e à solidão dessas mulheres. Solidão social, desamparo afetivo. Ela está sozinha num ato de "flagrante adultério". Foi arrastada sozinha pelos "homens bons", homens de família, como dizem desde sempre. Muitos desses homens têm seus casos, suas "puladas de cerca". Estavam na cena todos eles, mas apenas a mulher deveria ser apedrejada.

6.1 PAUSA PARA PENSAR

Elias Canetti, em *Massa e poder*, traça as quatro características da massa, mas elas não resumem os tipos de massas. Vou tomar a do apedrejamento pelo tipo de *massa de acossamento*. Segundo Canetti:

- 1 *"A massa quer crescer sempre.* [...] Inexistem expedientes absolutamente seguros que possam impedir em definitivo o crescimento da massa". Basta que um aglomerado de pessoas seja percebido e os indivíduos passantes serão imediatamente atraídos pela massa.

- 2 *"No interior da massa reina a igualdade.* Absoluta e indiscutível, tal igualdade jamais é questionada pela própria massa". Prevalece a identidade de intenções, de desejos e de ações.

- 3) *"A massa ama a densidade.* Ela é densa o bastante. Nada deve obstruí-la, nada deve impor-se: tanto quanto possível, tudo deve ser a própria massa".

- 4) *"A massa necessita de uma direção.* Ela está em movimento e move-se rumo a alguma coisa".[75] *A massa não precisa pensar, refletir sobre suas ações; ela apenas age movida pelo corpo-massa.*

A pequena massa que deseja apedrejar é fechada, mas sua meta encontra uma barreira, Jesus. Mas ela tem uma meta: o apedrejamento. Há um tipo de massa, a de acossamento, que percorre todas as características supracitadas.

> Seu objetivo é matar, e ela sabe quem quer matar. Munida de uma determinação sem par, a massa de acossamento lança-se sobre sua meta; é impossível enganá-la. Para que uma tal massa se constitua, basta anunciar a meta e propagar o nome daquele que deve morrer. A concentração no matar é de natureza especial, insuperável por qualquer outra em intensidade. Todos querem participar: cada um quer deferir seu golpe.[76]

A cena é de infelicidade, derrota, medo e humilhação. O homem com quem ela esteve não a ama, não aparece em cena, não sente compaixão daquela que lhe deu o corpo. Apenas desprezo e abandono. Não é apenas a mulher que está exposta; o marido dela também. Se está presente o marido da mulher adúltera é possível que exista também a esposa do adúltero. Todos estão expostos. São pelo menos quatro vítimas expostas. Mas apenas a mulher adúltera está ali para ser apedrejada até a morte. Lei demasiadamente dura para humanos que pecam.

Por essa razão, em relação ao ser humano, Deus faz-se na história, muda conforme a perspectiva no tempo. Deus não seria o motor imóvel de Aristóteles; quanto ao neoplatonismo, Deus não seria a ideia suspensa acima do mundo sensível. Se Cristo é Deus, então Deus muda. E mudou presentificando-se em Deus-homem. Ele é o Deus de quem todo pecador

---

[75] CANETTI, 2005, p. 28.
[76] CANETTI, 2005, p. 47.

necessita. A justiça em nome de Deus era cega? Se sim, agora ela retira as vendas e enxerga a realidade demasiadamente cruel.

No texto da "mulher adúltera" fica evidente a figura de Ártemis (deusa da Justiça – *Dikê*) com uma venda nos olhos, uma analogia à cegueira da Justiça, não se referindo ao princípio de imparcialidade dela, mas à sua patologia. Afinal, o que é Justiça? O que é justo? É dar a cada um aquilo que lhe pertence: seja um bem material, seja uma atribuição na justa medida, como demonstrou Aristóteles na metáfora da régua de chumbo, um instrumento de medição que pode fazer os contornos da matéria medida. No caso bíblico, trata-se de uma mulher pega em flagrante adultério, com base na lei mosaica do *Antigo Testamento*, que condenava os adúlteros a morrer sob pedradas.

"Toda lei é cega" quando o juiz não acrescenta ao julgamento o contexto que dá à justiça a aproximação do justo juízo. A lei, por si só, porém, não pode ser contextualizada; o legislador deixou de existir há muito tempo e não está presente para interpretar os motivos de inscrição de tal lei. Os adúlteros no meio da turba desejam a fria aplicação da letra. A mulher teria de ser morta a pedradas, como ainda acontece em algumas teocracias fundamentalistas. Por isso, em algum lugar, já foi dito: "Os homens nunca fazem o mal tão completamente quando o fazem em nome de Deus" (atribui-se essa frase a Blaise Pascal).

A condenada deve ser enterrada numa praça pública, deixando-lhe apenas a cabeça acima do solo, para receber, indefesa, os golpes da turba desejosa de sangue. Entre os que atiram as pedras também se encontram mulheres. Todos são possuídos pelo desejo cego de fazer justiça e cada um deles quer ser o autor da pedrada fatal. Tudo em nome da justiça divina. É preciso ter bons advogados e excelentes juízes para interpretar aquilo que o legislador tentou dizer com a lei.

A mulher do nosso texto foi levada por seus acusadores ao melhor advogado de todos os tempos. Não porque eles desejassem justiça, mas porque planejavam a injustiça contra esse próprio advogado. Queriam pegá-lo em alguma contradição contra a lei de Moisés ou contra a presença romana na Judeia. Não se tratava de justiça em favor de uma mulher. Aquela era uma turba de líderes religiosos. A leitura do texto bíblico passa por fora dessa realidade que os autores quiseram mostrar.

O contexto é de uma luta política. A Bíblia pode ser lida como um livro de filosofia, psicanálise, literatura ou psicologia. Esse quadro seria mais bem compreendido se a leitura não se revestisse do dogma, investindo-se da realidade humana. Se não se encontrasse em um contexto de mudança, a "mulher adúltera" seria mais uma inocente a ser apedrejada. Mas o "advogado", sabiamente, desmobiliza a acusação no sétimo versículo: "Quem de vós estiver sem pecado, seja o primeiro a lhe atirar uma pedra". Conforme o comentário da escritora Ellen White,

> [...] a mulher estivera toda curvada, possuída de temor diante de Jesus. Suas palavras, "Aquele que dentre vós está sem pecado seja o primeiro que atire pedra contra ela", haviam-lhe soado qual sentença de morte. Não ousava levantar os olhos para o rosto do Salvador, mas aguardava em silêncio a condenação.[77]

Antes dessa sentença, Jesus permaneceu e deixou a turba em silêncio. O silêncio é um argumento insuportável para os tiranos. É deixando as consciências dos culpados em silêncio que as causas da culpa emergem. O diálogo mais profundo consigo mesmo reside no silêncio, momento em que a profundidade sobe à superfície. No ruído da turba não se ouve a verdade; a verdade não fala em meio aos ruídos. A justiça justa não é ruidosa.

Diante de tantas mulheres solitárias – as de ontem e as de nosso tempo, lançadas no mais profundo desamparo, na solidão, no desprezo e no desespero –, apedrejadas, queimadas vivas, feridas no rosto por ácido, dilaceradas e mortas em nome da moralidade, Yossel Rakover diria: "Porque maiores e melhores do que eu estão firmemente convencidos de que não se trata mais atualmente de castigo por faltas cometidas. Aconteceu alguma coisa absolutamente peculiar e isso chama-se *Hastores Ponim*: Deus velou a sua face".[78] Ele está no Gueto de Varsóvia, na fome e no frio, na indignidade, na crueldade e na morte. Cada um dos que ali estavam morria de fome e frio ou foi assassinado pelas bombas da bestialidade nazista. Yossel Rakover deixou um bilhete dentro de uma garrafa para, algum dia, ser lido

---

[77] WHITE, Ellen. *O desejado de todas as nações*. São Paulo: Casa Publicadora Brasileira, 2022, p. 462. Disponível em O Desejado de Todas as Nações — Ellen G. White Writings (egwwritings.org). Acesso em: 17 dez. 2023.

[78] KOLITZ, Zui. *Rakover Yossel dirige-se a Deus*. São Paulo: Perspectiva, 2003, p. 14-15. Escrito sobre a ferocidade bestial e burocrática de Hitler sobre o destino, sem testemunha, dos judeus no Gueto de Varsóvia.

por alguém que a encontrasse. Ele morreu. A garrafa foi encontrada nos escombros entre os mortos. Não era justiça que se fazia; era o mal em sua extrema banalidade.

Sempre que o mal quer praticar o mal busca um álibi em algum *slogan* de moralidade. Adolf Hitler praticava o mal em nome de uma limpeza étnica. A massa de apedrejadores deseja "limpar" a sociedade que a mulher adúltera supostamente manchava. Ou, disfarçadamente, com suporte nesse argumento moral, era do Cristo que eles desejavam livrar-se.

Essa chamada mulher adúltera teve a bênção da presença do homem-Deus, que lhe serviu de advogado e juiz. Mas o que dizer de outras milhares de mulheres que ainda são apedrejadas em nossa "bela época civilizada"? Não basta punir, diria Nietzsche; é preciso fazer sofrer, dilacerar a carne, derreter em óleo fervente, tudo isso para fazer do bicho homem um animal que aprendeu a prometer.[79] Mais tarde, Michel Foucault, em *Vigiar e punir*, descreve a cena dos suplícios de Damien. Um longo e arrastado dia de suplício do carrasco na presença dos sacerdotes. Não é a punição que interessa, mas o ritual de dor do condenado e o gozo por vê-lo sofrer e clamar por perdão.

Primeiro, o silêncio, depois, o mal-estar que o silêncio causa. No silêncio as consciências são confrontadas. Há um poder no silêncio antes das primeiras palavras que o encerram. O silêncio é um discurso mudo, eloquente e inquietante. É o silêncio que faz a profundidade do inconsciente subir à superfície.

Enquanto isso, Jesus rabisca o chão de areia. O solo no qual o sangue da mulher adúltera seria derramado. O que ele escreveu? "[...] inclinando-se, se pôs a escrever com o dedo na terra". Depois, dirigindo-se aos que insistiam em apedrejar a adúltera, disse-lhes: "Quem dentre vós não tiver pecado que atire a primeira pedra". E diz o texto que Jesus "continuou escrevendo no chão".

Juan Arias[80] diz ter encontrado com o cineasta Pier Paolo Pasolini, o qual, ao seu modo, exclamou: "Que loucos os apóstolos, que não nos transmitiram aquelas palavras!". Ellen White poderia ter dito a Pasolini:

---

[79] NIETZSCHE, F. *A genealogia da moral*. Petrópolis: Vozes, 2009.
[80] ARIAS, Juan. *El País*, 16 dez. 2017. O filme sobre Jesus de Pasolini que odiava o Vaticano (Juan Arias) | Metrópoles (metropoles.com) **Ricardo Noblat**. Atualizado 25/12/2021. Acesso em: 16 dez. 2023.

> Jesus contemplou um momento a cena – a trêmula vítima em sua vergonha, os mal-encarados dignitários, destituídos da própria simpatia humana. Seu espírito de imaculada pureza recuou do espetáculo. Bem sabia para que fim fora levado esse caso. Lia o coração, e conhecia o caráter e a história da vida de cada um dos que se achavam em Sua presença. Esses pretensos guardas da justiça haviam, eles próprios, induzido a vítima ao pecado, a fim de prepararem uma armadilha para Jesus. Sem dar nenhum indício de lhes haver escutado a pergunta, inclinou-Se e, fixando no chão o olhar, começou a escrever na terra.[81]

E, para responder à inquietante pergunta de Pasolini, diz a escritora norte-americana:

> Impacientes ante sua demora e aparente indiferença, os acusadores aproximaram-se, insistindo em lhe atrair a atenção sobre o assunto. Ao seguirem, porém, com a vista, o olhar de Jesus, fixaram-na na areia aos Seus pés, e transmudou-se-lhes o semblante. Ali, traçados perante eles, achavam-se os criminosos segredos de sua própria vida. O povo, olhando, reparou na súbita mudança de expressão e adiantou-se, para descobrir o que estavam eles olhando com tal espanto e vergonha.[82]

Ao verem a si mesmos, de um modo que só eles podiam compreender, no chão onde desejavam apedrejar a pobre mulher, devem ter recebido, eles mesmos, a sentença do Grande Juiz: "Aquele que não tiver pecado que atire a primeira pedra". A sentença recairia sobre todos. Por isso citei anteriormente a contradição da regra moralista, uma falsa autoridade competente que produz injustiças e imoralidades sem razão. "A autoridade repousa sobre a razão", diz Antoine de Saint-Exupéry, em seu *O pequeno príncipe*.

---

[81] WHITE, 2022, p. 461.
[82] *Idem*.

A aplicação da lei, uma execução de morte lenta, é sempre irracional, ainda que o condenado seja culpado. Fazer sofrer não redime o culpado, mas o conselho sensato de Cristo, "vá e não peques mais", pode ser tomado como um ato de restauração que abre novos caminhos para uma nova vida. O que Jesus mostrou aos algozes é que a lei não tem autoridade alguma quando os julgadores são irracionais, quando a própria lei já perdeu sua coerência em face dos crimes dos que julgam, ou quando o motivo da aplicação da lei é desviante.

O motivo da cena consistia em criar uma situação-limite para que Jesus fosse pego em contradição e, então, levá-lo à condenação. Usam a mulher adúltera como um meio para seus fins imorais. Aqui é preciso fazer novamente menção a Kant. Ele criou uma doutrina moral – digo ao meu modo, o princípio kantiano: nenhum homem deve usar o outro como meio para atingir seus fins, pois o ser humano deve ser sempre o motivo dos fins das ações morais. Friedrich Nietzsche considera Kant ingênuo em sua moral:

> [...] Exige do indivíduo ações que se deseja serem de todos os homens: o que é algo belo e ingênuo; como se cada qual soubesse, sem dificuldades, que procedimento beneficiaria toda a humanidade e, portanto, que ações seriam desejáveis; é uma teoria como a do livre-comércio, pressupondo que a harmonia universal *tem* que produzir-se por si mesma, conforme leis inatas de aperfeiçoamento.[83]

Logicamente, Nietzsche está se referindo ao imperativo categórico que pressupõe a maturidade do homem em relação ao "agir de tal maneira que a ação possa transformar-se em lei universal". Mas Kant não viu essa sociedade autônoma acontecer – nem Nietzsche, tampouco nós. O homem continua precisando de uma lei fora de si para ser governado. As leis, as constituições, os códigos, os sistemas judiciários com seus juízes, tudo isso é o que barra as ações dos indivíduos. Algumas vezes, é o próprio aparato da justiça, agindo contrariamente aos seus propósitos, que se permite agir

---

[83] NIETZSCHE, F. *Humano demasiadamente humano*. Tradução de Paulo Cesar de Souza. São Paulo: Companhia das Letras, 2000, p. 34 (grifo do autor).

contra seus princípios. Essa é a razão para precisarmos de correções e de corregedores das correções de seus pares. No limite, havemos de nos questionar: quem vai corrigir os responsáveis pelas correções?

O verdadeiro sentido do justo, para que alguém se atribua o direito de condenar o outro, é ser, ele próprio, irrepreensível. Além do mais, a lei dizia que os adúlteros pegos no flagrante ato deveriam ser apedrejados, o que tornava impossível o crime de adultério de um só. Mas os que acusavam só levaram a mulher. Todos estavam cegos pelo ódio e pela paixão que moviam o moralismo. Na turba zelosa e fundamentalista, cumpre-se a frase atribuída anteriormente a Blaise Pascal: os homens fazem o mal com perfeição e com entusiasmo quando o fazem por convicção religiosa.

Aquela mulher eternizada pela escrita de João não teria justiça nem mesmo um tribunal que debatesse a sua causa de maneira que lhe desse um pouco de esperança. Os tribunais da época estavam a serviço de uma minoria e não havia o lugar da justiça para os anônimos da sociedade.

Franz Kafka tentou fazer justiça ao seu modo na ficção, em favor de todos aqueles que buscam justiça e não a encontram. Para Kafka, restaram o deboche e a ironia de tudo aquilo que se chamava "tribunal" ou "justiça". Ele criou o personagem que espera do lado dos portões do tribunal sua vez de ser chamado – e espera a vida inteira. Ou aquele que, quando se encontra dentro do tribunal, não encontra seu processo. O "Senhor K" procura, em vão, saber de seu processo: nos corredores sombrios do tribunal, nas múltiplas salas, no entra e sai de porta em porta. No entanto tudo que encontra são alusões à vaidade dos magistrados.

Um ateliê para pintar os quadros em tamanho exagerado, muita gente para "servir" aos apetites egoicos dos homens da lei. O "Senhor K" depara-se com a fria realidade presunçosa dos homens que deveriam ocupar-se de julgar as causas do povo. No entanto, bem ao contrário disso, os tribunais e as casas do governo haviam se transformado em um amontoado burocrático em favor da vida privada de quem tinha o poder.[84]

O juiz na causa da mulher adúltera simplificou a justiça. Ele fez o que há de mais justo nela: usou a acareação e confrontou os argumentos, de modo que os verdadeiros culpados apareceram. Eram os acusadores que, ao largarem suas armas ao chão, onde seus delitos haviam sido escritos, deixaram a cena do julgamento em silêncio. E a mulher foi liberta na alma e no corpo.

---

[84] KAFKA, Franz. *O processo*. Tradução Petê Rissatti. Rio de Janeiro: Antofágica, 2022.

7
O PARALÍTICO DE BETESDA

Para André Comte-Sponville, a felicidade tem que ser desesperada, ou seja, não se deve esperar tanto por ela, mas vive-la. A indústria da dor depende de uma longa espera para se manter, fazer esperar indefinidamente gera mais-valia da dor. Trinta e oito anos de espera, é uma espera sem gozo. Manter a tristeza e a dor pode ser lucrativo. Quantos vivem da indústria da dor? A insatisfação dos mercadores da fé pode ter sido o fato do homem estar andando, livre, curado e de graça - A felicidade, desesperadamente,
São Paulo: Martins Fontes, (2015).

Sobre o Tanque de Betesda, "nele havia cinco alpendres, e jazia grande multidão de enfermos: cegos, coxos e paralíticos, esperando o movimento das águas [...]"[85]. Os alpendres eram degraus, varandas nas quais eram colocados os doentes à espera de uma chance de cura.

Consta ainda no Evangelho de João:

> Porquanto um anjo descia em certo tempo ao tanque e agitava a água; e o primeiro que ali descia, depois do movimento da água, sarava de qualquer enfermidade que tivesse. E estava ali um homem que, havia trinta e oito anos, se achava enfermo. E foi nessas condições que Cristo o encontra, caminha até ele e, sabendo de tudo que já tinha acontecido naquela vida, Ele pergunta: "Queres ficar são?". O enfermo respondeu-lhe: "Senhor, não tenho homem algum que, quando a água é agitada, me coloque no tanque, mas, enquanto eu vou, desce outro antes de mim". Jesus disse-lhe: "Levanta-te, toma a tua cama e anda". Logo, aquele homem ficou são, e tomou a sua cama, e partiu [...] (João 5.4-9).

Busca-se aqui o sentido da empatia, o meio de aproximar-se de alguém que sofre sem ser percebido e que, ao ser visto, encontra no outro a grande – e talvez a única – oportunidade de mudança – nesse caso, a cura. Mas o que é empatia? Existem quatro elementos que envolvem esse sentimento, conforme pesquisas em neurociências citadas pelo professor André Palmini.[86] Faço uso aqui das anotações do médico.

1. PERSPECTIVA: capacidade de valorizar e buscar entender a perspectiva ou a opinião dos outros. Na perspectiva diminuímos o mal-entendido, a má interpretação, e procuramos dar e pedir feedback para saber do que o outro está falando, sentindo, necessitando.

---

[85] Bíblia Sagrada, João 5.2-3.
[86] DAVIS, M. Measuring individual differences in empathy: evidence for a multidimensional approach. *Journal of Personality and Social Psychology*, localidade, p. 44, 1983. A pesquisa foi objeto de aula do curso Neurociência do Comportamento. Palmini é chefe do Serviço de Neurologia do Hospital São Lucas, da Pontifícia Universidade Católica do Rio Grande do Sul (PUC-RS). Aula: *Motivação moral: compaixão, empatia, altruísmo e egoísmo*. EAD em 15/07/2021.

- 2 IMAGINAÇÃO: capacidade de imaginar-se na situação do outro. Não é possível sentir a dor do outro, mas é possível demonstrar interesse por meio da imaginação, demonstrar em palavras com sentido, alcançar o outro por demonstração de interesse.

- 3 PREOCUPAÇÃO EMPÁTICA: capacidade de expressar preocupação com a situação do outro. Nesse nível, o outro é capaz de perceber o interesse em compreender seu sentimento. Isso já diminui o sentimento de desamparo e abandono.

- 4 SOFRIMENTO PESSOAL: resposta emocional diante de emoções fortes vivenciadas por outras pessoas. Essa observação faz o outro sentir-se perto, no mesmo nível de olhar nos olhos. Estar atento a movimentos e expressões, gestos e todo o conjunto de comunicação do outro. É muito mais do que palavras vazias que dizemos, às vezes tentando demonstrar sentimentos empáticos. Coisas do tipo "Eu posso sentir o que você está sentindo".

Costumamos dizer "Eu posso sentir o que você está sentindo" quando tentamos ser (sim)páticos com o outro, mas, na verdade, nunca saberemos o que o outro está sentindo, pois somos limitados por nossa condição reduzida a nós mesmos.

A ideia de sentir a dor do outro só pode ser afirmada plenamente nos termos de uma ficção, como a que aparece em dois filmes: *Energia pura*[87] e *À espera de um milagre*.[88] Nesses casos, os personagens seguram firmemente o outro para que sinta e veja tudo o que se passa em suas vidas, tudo aquilo que experimentam em dada situação: um animal que está sendo abatido covardemente e a verdadeira história de um crime violento não resolvido. Em ambos os casos, ao entrarem em contato com a agonia do outro, os indivíduos percebem a impossibilidade de ter o sentimento do outro, a impossibilidade de não poder deslocar-se de si mesmo e a impossibilidade do desejo de entrar na situação alheia.

---

[87] ENERGIA pura. [POWDER]. Direção de Victor Salva. Estados Unidos: Caravan Pictures, 1995.

[88] O filme baseia-se em uma história de Stephen King. Paul (Tom Hanks), chefe de guarda de um corredor da morte durante o ano de 1935. Certo dia, chega às suas celas um prisioneiro imenso, chamado John Coffey (Michael Duncan), acusado de estuprar e matar duas jovens meninas. Surge, então, um relacionamento entre os dois, revelando que Coffey parece ser muito mais do que as impressões sugerem. (À ESPERA de um milagre. [THE GREEN Mile]. Estados Unidos: Darkwoods Productions, 1999).

Essas são situações de experiência-limite que põem um indivíduo diante de morte. O afeto de morte é insuportável à consciência de quem não está morrendo. Morrer é um afeto único e solitário, mesmo que se morra lado a lado. É preciso estar experimentando a própria morte em vida, mas, ainda assim, seria a *própria* morte e nunca o morrer *do outro*.

Como podemos dizer a uma pessoa em depressão profunda: "Eu sei o que você está sentindo"? Jamais saberemos de fato, ainda que tenhamos uma depressão igualmente profunda. Nós só temos a capacidade de vivenciar nossa própria depressão. Assim como as caminhadas, o que o outro está sentindo é sempre da ordem de uma solidão não compartilhada pelos outros caminhantes. São situações irredutíveis, nas quais nos sentimos sozinhos, pois a dor e a alegria são experiências singulares.

No mesmo sentido, é falso dizer a alguém: "Eu gostaria muito de sentir o que você está sentindo". Na verdade, não é da nossa natureza desejar sentir dor, sofrimento ou desprazer. Aqui, estamos ignorando nossos instintos, que nos levam a evitar a dor e buscar o prazer. Ao "segurar a mão" do sofredor, diminuímos nossa impotência em sentir a miséria do outro simpaticamente.

Nunca poderemos deixar de ser nós mesmos para nos tornarmos o outro – nisso consiste todo o sentido de nossa autonomia. Só podemos ser nós mesmos. E isso nem mesmo se trata de uma questão de escolha. Estamos presos na condição de não podermos viver a vida e os sentimentos do outro. Mas ao demonstrarmos simpatia, já estamos chegando perto o suficiente para que o outro possa ser minimamente acolhido. Isso faz muito bem a quem recebe e a quem dá.

Foi um longo desvio, mas voltemos ao Evangelho de João. O Mestre tem um encontro com um homem que esteve paralítico por trinta e oito anos. Levando em consideração a expectativa média de vida daquela época, esse homem já devia ser idoso. As pinturas que retratam esse encontro no Tanque de Betesda aparecem com traços de velhice, cansaço, dor e desesperança. Pense que, durante trinta e oito anos, esse ser humano esperou que alguém o auxiliasse a entrar nas águas do tanque quando fossem mexidas pelo anjo. Percebemos a mesma questão de sempre: o descaso em relação aos pobres e doentes. Eis a questão de Cristo: na maior parte desses encontros, ele está atendendo pobres e doentes.

Em muitas situações, o cristianismo dos nossos dias certamente condenaria o próprio Senhor da vida. Como gastar tempo com um indivíduo improdutivo e já velho? Usariam adjetivos ruins pelas ações em favor dos pobres. Por que se ocupar de pessoas que não são significativas nas estatísticas da economia? Os pobres são vistos como um fardo; é preciso livrar-se deles, abandonando-os à própria sorte. Algumas vezes, a administração pública, preocupada apenas com a estética urbana, tenta escondê-los para não espantarem os negócios. Curiosamente, essas cenas se passam em sociedades extremamente religiosas. Esse Cristo é maior do que uma religião; ele é uma ética. Será confrontado nos tribunais da Igreja de sua época e nos tribunais do Estado. Fazer o bem é perigoso.

"E foi nessas condições que Cristo o encontra, caminha até ele e, sabendo de tudo que já tinha acontecido naquela vida, Ele pergunta: 'Queres ficar são?'"[89] Outras versões dizem: "O que queres que eu faça". O amor está disponível nessa pergunta. Ele sabe que o homem deseja ser curado, mas é preciso dizer, é necessário afirmar o desejo, pois não ser invasivo implica respeitar a vontade e o desejo do outro.

Foi uma longa espera de desejo. A resposta do paralítico denota educação, reveste-se de um gesto delicado: "O enfermo respondeu-lhe: 'Senhor, não tenho homem algum que, quando a água é agitada, me coloque no tanque, mas, enquanto eu vou, desce outro antes de mim"[90]. Ele não sabia com quem falava, desconhecia seu interlocutor. Mas o fato de dirigir-se a ele como "Senhor" denota educação e respeito. Deveria ser sempre assim quando não sabemos com quem estamos lidando, pressupondo respeito e consideração.

7.1 PAUSA PARA PENSAR

Não importa quem seja, não sabemos quem está diante de nós. Roberto DaMatta, antropólogo brasileiro, levanta essa questão pelo avesso ao tratar da sociedade de classes. É o interlocutor que questiona com a pergunta: "Você sabe com quem está falando?". Essa questão situa o interlocutor no topo da pirâmide social. Como se diz em linguagem coloquial, "ele dá uma carteirada". Pressupõe que o indivíduo interpelado seja inferior, em condições de ser submetido, e que deveria saber que quem faz essa pergunta supostamente é superior. Assim, por ser superior, não importa se o desejo em questão é ou não moralmente correto. Ser alguém importante já define ter plenos direitos sobre o outro, dá-lhe o direito de passar na frente, de estacionar o carro em

---

[89] Bíblia Sagrada, João 5.6.
[90] Bíblia Sagrada, João 5.7.

lugares indevidos ou de auferir lucros sobre o outro. Daí a questão antropológica de se ter "obrigação" de saber "com quem se está falando".

Jesus, ao contrário, deseja apenas atender à necessidade daquele doente.

7.2 DE VOLTA AO TEXTO

O homem doente não criticou ninguém, apenas declarou sua impossibilidade: "outro desce antes de mim".

E pensar que já se haviam passado trinta e oito anos. A instituição religiosa falhou com esse personagem e com tantos outros. Talvez a religião dos homens não faça diferença alguma na vida de quem necessita, tornando-se um amontoado de ideias desprovidas de sentido. Pior: essa religião é um amontoado de ideias que tem a pretensão de dizer o que a vida pode. Cristo foi um escândalo para as religiões, mas somente esse Cristo tem a força de afrontar o poder estabelecido da religião estéril, vazia de sentido como se encontra, preenchida pelo ego dos homens de ideias.

Nesse ponto, surge um homem que enaltece a vida, pois a vida é maior do que qualquer ideia: "Jesus disse-lhe: Levanta-te, toma a tua cama e anda. Logo, aquele homem ficou são, e tomou a sua cama, e partiu [...]".[91] Aqui, as ideias não são necessárias. Apenas uma sucessão de atos, dizer o que deseja e receber como graça o objeto desejado. Em seguida, levantar-se e tomar aquilo que chamou de cama, uma esteira de palha, provavelmente uns trapos de roupa e, finalmente, andar. As religiões estão cheias de discursos de amor, amor não se diz, não se define, amor se dá. O dizer vazio sobre amor é inflação do ego de quem deseja ser percebido, e nada mais.

Andar é o maior presente; o movimento é a vida, e até mesmo as águas de um tanque precisavam ser movimentadas para gerar vida. Não se entendeu nada sobre o tanque de Betesda. O foco ficou no tanque, mas o segredo era a água em movimento. Não há vida na estagnação; as águas paradas são geradoras de morte. Ideias fixas são ideias mortas. Ideias devem servir para afirmar a vida e a vida potencializar ideias.

A essência desse contexto encontra-se em Nietzsche, e a práxis dessa lógica é de Cristo. Não era mais necessário esperar que alguém o lançasse nas

---
[91] Bíblia Sagrada, João 5.8-9.

águas do tanque. O Senhor das Águas, o Criador do movimento de todas as vidas, antecipou-se ao ritual das águas. O homem que esperou por trinta e oito anos, num átimo de tempo, pôde levantar-se e andar. O retrocesso dos homens das ideias vem em seguida, a mediocridade e a avareza, a pequenez das ideias presentifica-se. Homens de afetos tristes, diria o filósofo judeu Baruch de Espinosa, mas quem diz nesse momento são os homens que produzem tristeza: "[...] e, por essa razão, os judeus disseram ao homem que havia sido curado: "Hoje é sábado, não é permitido a você carregar a maca"[92].

Nessa passagem encontram-se as ditas "ideias justas", doutrinas que querem ajustar a vida às normas. Contudo, ideia justa não é aquilo de que os pobres, os doentes e os famintos necessitam; eles carecem apenas de ações justas. As ideias, seguindo Nietzsche, não mandam na vida; é a vida que cria ideias e se elas não afirmarem a vida, serão apenas ideias vazias de sentido.

O homem que fora paralítico por trinta e oito anos agora andava, e o fato de andar com suas tralhas incomodou mais do que os trinta e oito anos de paralisia. Talvez aquela igreja – modelo de outras tantas em nossos dias – sobrevivam da tristeza. Na verdade, são fábricas de tristeza para vender as promessas do bálsamo. A respeito dos tiranos, o jovem Espinosa diz que eles produzem a tristeza para enfraquecer os corpos e dominá-los.

Prosseguindo no texto bíblico: "Então lhe perguntaram: 'Quem é esse homem que mandou você pegar a maca e andar?'"[93]. Os homens do ressentimento querem vingança, suas máscaras estão caindo e suas ideias justas perderam o sentido. "O homem que fora curado não tinha ideia de quem era ele, pois Jesus havia desaparecido no meio da multidão."[94]

O homem curado não conhecia quem o curou – não é preciso conhecer Igreja alguma para receber o dom da vida; a vida é um dom e esse dom é incondicional. Quando Igrejas transformam a vida dos pobres, a doença e a dor de muitos em moedas de troca para a existência de seus sistemas de engodo, é o homem que se torna o meio para o fim de organizações inescrupulosas. E o homem nunca deve ser meio para atingir um fim. O homem e a vida são, eles mesmos, o único fim e a meta de qualquer projeto.

E, para concluir o relato desse bom encontro, cito Nietzsche: "Aquilo que se faz por amor está sempre além do bem e do mal".[95]

---

[92] Idem, João 5:10.
[93] Idem, João 5:12.
[94] Idem, João 5.13.
[95] NIETZSCHE, F. *Além do bem e do mal*. Tradução de Paulo Cesar de Souza. São Paulo: Companhia de Bolso, 2005. Nota: adaptação de trecho do livro.

8

PEDRO

Há uma razão para que o amor seja a questão central nos diálogos de Cristo, o amor é o liame, a energia que liga. O isolamento social, sempre presente nesses textos, é a causa de o amor ser o foco. Em nossos dias, Byung-Chul Han prenuncia em Agonia de Eros (2021), a crise de conexões sociais. O diagnóstico do desdobramento do amor em agonia, é o narcisismo e a depressão em escala global.

Antes do diálogo principal vamos retroceder um pouco para trazer o contexto em que as coisas se deram.

"Mas Pedro, respondendo, disse-lhe: 'Ainda que todos se escandalizem em ti, eu nunca me escandalizarei.'"[96]

Falta honestidade emocional nessa declaração. Além disso, a falta de autoconhecimento leva o indivíduo a dizer qualquer coisa, prometer e não cumprir. Ele tem força, mas ainda não sabe e não conhece a força que tem. Nesse momento, comporta-se de forma passional e apenas diz o que vem à sua cabeça. Com frequência agimos assim. Por impulso, dizemos o que não podemos sustentar e fazemos promessas que não podemos cumprir.

É possível que esse mesmo Pedro seja um dos homens "medrosos" daquele evento no lago da Galileia, aqueles homens de fé pequena. É assim que funciona a cabeça dos homens "medrosos de pouca fé" – e todos nós devemos nos incluir nessa lista. Todos temos nossos momentos de infantilidade. O problema é permanecer assim por toda a vida. Nesse estado de menoridade dizemos coisas e agimos movidos pela emoção.

Freud, em sua sabedoria, já dissera: somos determinados pelo desejo inconsciente e não pela razão consciente. Somos inconscientes antes de sermos conscientes. Razão e emoção alternam-se, escorregando nas bordas da fita de Moebius.[97] Pedro disse tais palavras movido por paixão, pois mal sabia ao certo a implicação disso. Mais tarde, ele viria a envergonhar-se desse comportamento.

Ele tinha essa qualidade que falta à maioria dos falastrões: a capacidade de se envergonhar das bobagens verbalizadas. A vergonha e o arrependimento

---

[96] Bíblia Sagrada, São Mateus, 26:33.

[97] "Formamos uma figura que é aparentemente composta de duas bordas e duas superfícies. Entretanto, se olharmos mais atentamente, a duplicidade das faces foi subvertida. Frente e verso já não estão mais em oposição, mas em continuidade um com o outro. A primeira vez que a fita de Moebius foi apresentada ao público foi em 1861. Aquele que vê essa figura imediatamente conclui ser formada por duas faces. Basta atravessar a superfície da fita com um lápis que logo verificamos a existência de seu lado avesso. Entretanto, ela é uma superfície unilateral, de uma única face e uma única borda. Para descobrir esse paradoxo, temos que inscrever uma outra dimensão nessa estrutura: a temporalidade. Com o passar do tempo – e somente através dessa dimensão temporal poderemos fazer isso –, vamos perceber que, contornando uma vez a trajetória, chegamos no avesso do ponto de partida e, após uma segunda volta completa, alcançamos o ponto de onde partimos. É apenas através do tempo do percurso de sua superfície que a divisão desta figura em duas faces vai se mostrar em continuidade uma com a outra" (COSTA, Oliveira André. *Estilos da clínica*, São Paulo, v. 19, n. 3, dez. 2014. Disponível em: http://dx.doi.org/10.11606/issn.1981-1624.v19i3p499-514. Acesso em: 31 out. 2023).

são qualidades humanas e denotam senso moral, a capacidade de fazer julgamento de seus próprios atos; ser capaz de autoanalisar-se, decidir crescer e tomar novos rumos. Pedro era assim: ele tinha a rara capacidade de moldar-se.

Certa feita, em uma oficina de arteterapia, uma menina de seus 5 anos, depois de ter feito uma pedra em argila e desenhado no papel, declarou, em sua mais plena pureza: "Essa é uma pedra mágica. Se molhar, ela cresce". Tomo a imagem da "pedra mágica" da pequena artista como forma de possibilidade. A matéria bruta pode ser moldada pela magia da vida. Pedro ainda permanece como matéria bruta por algum tempo. Até crescer e amadurecer, ele será provado de muitas maneiras e esculpido pela vida que está por vir.

Voltemos ao texto da Escritura:

> E, depois de terem jantado, disse Jesus a Simão Pedro: "Simão, filho de Jonas, amas-me mais do que estes?". E ele respondeu: "Sim, Senhor, tu sabes que te amo". Disse-lhe: "Apascenta os meus cordeiros". Tornou a dizer-lhe uma segunda vez: "Simão, filho de Jonas, amas-me?". Disse-lhe: "Sim, Senhor, tu sabes que te amo". Disse-lhe: "Apascenta as minhas ovelhas". Disse-lhe uma terceira vez: "Simão, filho de Jonas, amas-me?". Simão entristeceu-se por lhe ter dito pela terceira vez: "Amas-me?". E disse-lhe: "Senhor, tu sabes tudo; tu sabes que eu te amo". Jesus disse-lhe: "Apascenta as minhas ovelhas" (João 21.15-17).

O verbo *filia* da resposta de Pedro ao *ágape* de Cristo é o mesmo vocábulo da palavra filosofia (*fileo* = amo; *sofia* = sabedoria). O filósofo ama a sabedoria, mas nunca a tem. Ele é um amigo da sabedoria e a busca, mas não a alcança. Se Pedro responde ao *agapal* com *fileo*, é nesse sentido que agora, mais adulto do que antes, ele diz a verdade. Esse é o amor que Pedro tem para oferecer e, agora, ele está sendo emocionalmente honesto. Amo, mas no sentido de querer amar; sou um amigo que quer algo que ainda não tem. Jesus perguntou três vezes: por duas vezes ele usou o verbo *agapal*, mas, na terceira vez, declinou para *fileo*, e aceitou o limite de sua condição: a de aprendiz de discípulo.

O amor é aprendido. Em Erich Fromm, é uma arte a ser aprendida. Existem muitos amores, muitas emoções que se declaram ser amor. Amor dos pais para com os filhos, amor dos amantes, amor erótico, amor simbiótico, amor neurótico, amor romântico, amor entre iguais numa comunidade religiosa e o amor de mãe, que é incomparável entre os amores humanos.

O amor simbiótico é o amor doentio, aquele que não deixa o outro crescer. Sabe que o outro vai criar asas e voar e desespera-se, por isso é simbiótico, codependente – um utiliza-se da fraqueza do outro para manipular. E ambos fazem tudo em nome do amor. É um amor oferecido, entediante e cansativo. Tem tudo para dar errado – e dá!

O amor oferecido não é amor, é emoção dotada de insegurança. A insegurança gera controle. Declara-se amor como moeda de troca à insegurança. O amor erótico depende da perspectiva erótica do corpo, de ter "tesão" pelo outro. Um corpo que pode ser simbolizado com erotismo desperta amor erótico. O corpo real, quando atinge a impossibilidade de representação na linguagem, não é capaz de despertar desejo.

O amor romântico, por sua vez, depende de se estar apaixonado; é o amor em moda nos filmes românticos, nas novelas intermináveis e nas músicas que retratam as perdas e as esperanças do ideal do amor. É emoção pura.

O amor das comunidades religiosas é o amor pelo semelhante, amor pelo que comunga a mesma fé e o mesmo sistema de crenças.

O amor dos pais pelos filhos, muitas vezes, está condicionado à obediência e à correspondência. Amam-se os filhos de uma forma diferente, dependendo da identificação que um filho tem com um dos pares. Quando o pai (ou a mãe) identifica-se com um dos filhos, dedica-se mais especialmente a um desses filhos. Ainda há as rejeições e as empatias que se misturam entre os espaços psicodinâmicos da família. É certo que o drama familiar do patriarca Jacó teve muito a ver com o modo de distribuir amor entre os filhos. José contava com a predileção do pai, o que gerava ciúme e competição entre os irmãos.

Mas voltemos ao diálogo entre Jesus e Pedro. O texto original pode ter sido escrito em aramaico, pois o que nós temos é uma tradução de outras traduções. Do aramaico ao grego, do grego ao português, provavelmente. Nesse caso, vamos supor que haja uma traição nas traduções – na tradução, por natureza, não escapamos de modificações de sentido entre o que foi dito e o que foi respondido. Nesse caso, vamos imaginar que Jesus esteja querendo levar Pedro ao nível mais elevado de comprometimento com a causa, mas Pedro ainda não está pronto para isso. Jesus, então, aceita o que Pedro tem para dar; a vontade de ele amar com o amor esperado por Jesus ficaria para o futuro, quando, então, Pedro aprenderia a cuidar das pessoas. E ele, de fato, aprendeu a amar com a própria vida.

O amor que Jesus tinha em mente naquele diálogo, de acordo com o verbo utilizado, é uma práxis, uma ação que se sobrepõe à teoria. Mas Jesus é paciente, ele sabe aferir e respeitar o tempo e a possibilidade de cada indivíduo. E essa capacidade faz dele *o maior psicólogo do mundo*, como já foi dito em outros lugares.

Na história das religiões, desde a teogonia dos gregos, o homem sempre procurou unir o finito ao infinito, o mortal ao imortal. As divindades na Grécia Antiga estão sempre em busca da fusão entre o humano e o divino: Dionísio, Apolo, Ártemis, Afrodite, Eros. No Egito Antigo, os faraós subsumem-se ao universo dos deuses, tornando-se eles mesmos, por meio das longas dinastias, uma espécie de seres imortais.

Os deuses, em sua dupla natureza, metade humana e metade divina, representam a busca humana pela fusão. Algumas vezes, não raramente, são os próprios humanos que se passam por divindades. "O termo 'faraó' é atribuído aos reis com o estatuto de deuses".[98] As teocracias são o símbolo desse anseio humano: acreditar na unidade homem-Deus no governo dos reinos neste mundo.

Durante toda a Idade Média, os reis colocavam-se como representantes máximos dessa sociedade – fossem eles chamados de faraós, reis ou imperadores. Eles identificavam a si mesmos como a própria divindade ou se declaravam seus filhos. Por conseguinte, a história das mentalidades sempre se fez na busca do infinito e onipotente Deus.

No Império Romano, os césares eram relacionados à divindades. Na história da religião e da filosofia, cada qual ao seu modo, busca-se a fusão do cosmo com o finito mundo humano. Em nossos dias, em sua obra *Agonia de Eros* – deus grego de dupla natureza, mortal e imortal –, Byung-Chul Han preconizou a agonia dessa força de ligação. No caso, em tempos de pós-modernidade, estamos perdendo a unidade, o liame que funde a sociedade em comunhão amorosa, perdendo a conexão de uns com os outros. A divindade mecânica foi drasticamente abalada a partir do Renascimento – com Nicolau Copérnico, Galileu Galilei, Nicolau Maquiavel –, mas também posterior-

---

[98] Disponível em: dicionarioweb.com.br. Acesso em: 12 dez. 2023.

mente, com Charles Darwin, Sigmund Freud e o progresso contínuo da ciência e das tecnologias. Desse modo, Eros – a energia de conexão entre os humanos – entrou em agonia, conforme observa o filósofo sul-coreano.

O leitor deve estar se perguntando o porquê desse desvio do texto. Quando Cristo pergunta a Pedro: "Tu me amas?", não importando muito o verbo, o tempo ou a declinação em que se traduziu essa frase do aramaico ou do grego, a pergunta remete à pulsão de vida freudiana, à noção de Eros como força de ligação. Tudo o que importa no diálogo é se Pedro está em conexão com o amor (*ágape*) – amor teorizado ao longo dos séculos como a ponte sobre a imensidão entre o mortal e o imortal, entre o homem e Deus.

Também não importa o verbo que se tem como recurso linguístico. Ele mesmo, Cristo, colocou-se como o Verbo-carne. O que importa aqui não é uma crença religiosa, algo que costuma gerar muitos conflitos. Em nosso caso, trata-se do que esse Senhor deseja implantar no mundo? Uma ética, segundo meu modo de entender. Na máxima de seu "imperativo categórico" – amar a Deus sobre todas as coisas e ao próximo como a si mesmo –, essa era a fusão que faltava. Não mais um imperador em seu trono, mas, sim, uma força de ligação entre os humanos. O amor (*ágape*/Eros, pulsão de vida) não importa a palavra, contanto que a unidade restaurada seja a de um Verbo que anda entre os homens.

Byun-Chul Han denuncia em seu texto a agonia, a quase-morte, de Eros. A causa não é um poder político, mas uma força de separação usada espontaneamente pela humanidade de nossos dias. Estamos cada vez mais distantes, cada vez mais indiferentes, cada vez mais solitários e desligados uns dos outros. Nossos equipamentos de comunicação romperam com a unidade homem-natureza-divindade. Essa última é a conexão, que nos falta. Quando os filósofos denominam a si mesmos *philos*/amantes de *sophia*/sabedoria, isso não significa que eles a tenham, mas, sim, que desejam tê-la e que a buscam. Há aqui uma ligação que nunca se conclui. Os filósofos não têm sabedoria, eles a desejam. A forma de estar com *sophia* é desejando-a.

Voltemos ao diálogo entre Jesus e Pedro: "Pedro, tu me amas?" (*ágape*). "Sim, Senhor, eu te amo" (*phileo*).

Na versão que chegou às nossas mãos, a troca de verbos é menos importante do que o sentido. Jesus vai aceitar o *phileo* desesperado de Pedro, assim como os filósofos aceitam que nunca terão a sabedoria, mas a amam e desejam estar sempre próximos dela. Mais tarde, Pedro evolui, e nós sabemos que ele amou profundamente seu Mestre. Era necessário cuidar das pessoas, estar junto delas, conectar-se com o mundo. E essa conexão realiza-se por meio da energia de ligação do amor.

Nesse ponto, filosofia e religião encontram-se em busca de conexões horizontal e vertical. Não atingimos o infinito, a sabedoria ou o amor perfeito, mas, assim como nas grandes utopias, a busca por encontrar o caminho faz de cada um que busca atravessar essa infinita ponte uma pessoa melhor. Amar é estar ligado, não a máquinas, mas uns aos outros, em ações reais.

A ética que se teorizou nesse breve diálogo é a questão fundamental nos dias de hoje. Por isso cristãos, ateus, muçulmanos e judeus são todos convocados à união de todos sem hierarquia. A linguagem é universal e compreensível em qualquer civilização: a bondade, a caridade, o amor, a misericórdia e a compaixão são os vínculos que nos unem. Era preciso haver uma crise na vida de Pedro, as crises fazem-nos crescer e compreender a natureza humana. Não se trata de pieguice amorosa – ainda estamos no campo da *práxis*. São compromissos firmados de forma espontânea. O amor não funciona por meio de decretos ou barganhas. É doação sem condições. Bauman diz-nos que

> [...] o comportamento humano sob condições extremas – guerra, ocupação estrangeira – mostrou que os casos de doação mais heroicos, no sentido de sacrificar a vida de alguém para salvar o outro, dizem respeito, em sua maioria, a pessoas cujos motivos se aproximam muito do ideal da pura dádiva. Elas consideram ajudar outros seres humanos, pura e simplesmente seu dever moral, um dever que não requer qualquer justificação, como se fosse natural, autoevidente e elementar.[99]

Essa força de ligação, considerada em Byung-Chul Han, é Eros; em Freud é a pulsão de vida. Por fim, em Cristo, em relação ao discípulo Pedro, é Ágape a meta última de uma ética.

---

[99] BAUMAN, Zygmunt; TIM, May. *Aprendendo a pensar com a sociologia*. Tradução de Alexandre Werneck. Rio de Janeiro: Jorge Zahar, 2010, p. 131.

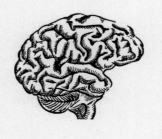

9

MARIA E MARTA

Senhor, não te importas de que minha irmã tenha deixado que eu fique a servir sozinha?". E foi além, atrevendo-se a dar ordens ao Mestre: "Ordena-lhe, pois, que venha ajudar-me.
(Lucas 10.40)

Então a voz do Mestre se fez ouvir: "Marta! Marta! Andas inquieta e te preocupas com muitas coisas. Entretanto pouco é necessário, ou mesmo uma só coisa" [...].
(Lucas 10.41-42)

No primeiro século da era cristã já existia ansiedade? Não necessariamente da forma que conhecemos hoje, pelo menos no caso de Marta, que mais parece uma pessoa que não reconhece o momento e o que mais importa na situação em que se encontra. Preferência de foco, atitude comportamental, disfunção cognitiva e coisas do tipo.

Com frequência escutamos dizer: hoje o tempo está mais rápido, os dias estão mais curtos e as horas passam com maior rapidez. Para Maria, o tempo era relativamente mais lento que o tempo de Marta? De acordo com Cristo, que estava em visita às duas irmãs, essa parece ser uma questão de relatividade. A relatividade da percepção cognitiva e da reação comportamental com que cada ser humano reage diante de um estímulo – a presença de uma pessoa ou a existência de coisas ou situações.

A estrutura psicológica de cada um de nós é única e costumamos reagir de acordo com o que fizeram conosco – a construção –, somado ao que fizemos com essa construção. Marta sofria dessa inquietação que caracteriza os ansiosos. Por um lado, ela pensa muito, muitas coisas, coisas desnecessárias, segundo Cristo. Talvez essa "única coisa necessária" tenha sido a oportunidade de exercer o direito de estudar as Escrituras Sagradas, deixar um pouco de lado o trabalho doméstico, destinado unicamente às mulheres, e exercer o direito natural de ser cidadã. Marta devia estar com medo de transgredir uma lei do sistema religioso.

"Entretanto pouco é necessário, ou mesmo uma só cousa"[100]. Era mais do que ansiedade: às mulheres era vedado o conhecimento dos livros sagrados. Marta estava desempenhando o papel destinado às mulheres: cuidar da casa, preparar alimentos. "Jesus exalta a atitude de sua irmã, Maria, que, ao contrário de Marta [...], preocupava-se com os afazeres domésticos".[101] Maria escolheu fazer aquilo que todas as mulheres desejavam: estudar o conhecimento dos livros sagrados. "A atitude de Maria era digna de elogio, pois, contrariando a cultura de sua sociedade, que vedava o estudo da Bíblia às mulheres, preocupava-se em conhecer os mistérios do Reino proclamado por Jesus"[102].

Não é assim que nos dizem hoje nas terapias cognitivas e no manual dos 12 passos dos grupos de ajuda mútua: as coisas primeiras em primeiro

---

[100] Bíblia Sagrada, Lucas 10.41-42.
[101] DOLTO; SÉVÉRIN, 1979, p. 160.
[102] *Idem.*

lugar e um dia de cada vez? Como psicólogo que é, Jesus aconselha Marta: "Uma só coisa é necessária, e Maria escolheu essa boa coisa".

Há um tempo de parar e há um tempo de fazer as coisas. Relembrando Espinosa, o corpo movimenta-se em repouso, velocidade e lentidão. Naquele momento, era o tempo da lentidão. Sentar-se e escutar, conversar, ouvir as histórias de uma pessoa especial. Jesus apareceu no templo aos 12 anos e, em seguida, desapareceu por longos anos. Depois, reapareceu com aproximadamente 30 anos. Imaginem quantas histórias ele não tinha para contar desse tempo em que esteve andando por outros cantos do mundo. Marta não dedicou seu tempo para saber, escutar ou perguntar. Não apenas por isso, mas pela pessoa que era – seria necessário ter um pouco de curiosidade ou deixar-se envolver pela presença de alguém que tinha tanto a oferecer.

Os ansiosos sofrem em virtude da dificuldade de estarem presentes. O corpo está presente, mas os pensamentos permanecem em um fluxo contínuo, projetando-se entre passados já vividos e futuros ainda não chegados. E o presente, que é a coisa que mais importa, encontra-se preenchido com grandes pedaços dos dias idos e daqueles que ainda não chegaram. Por isso Jesus disse: "Marta! Marta! Andas inquieta e te preocupas com muitas coisas. Entretanto pouco é necessário, ou mesmo uma só coisa"[103].

Os estoicos foram longe, mais do que todos, na arte de presentificarem-se, e deixaram lições práticas acerca da serenidade e da resiliência. Jesus apresenta traços de estoicismo. Seu comportamento de ensinar em espaços abertos lembra os estoicos da *stoá*. Esses eram os sem-teto da época – não podiam ter propriedades por não serem gregos, por isso ensinavam em espaços abertos, ao lado de um muro no qual reuniam seus discípulos. Até mesmo o imperador Marco Aurélio (*Meditações*) era um estoico, um dos maiores, além de Sêneca (*Sobre a brevidade da vida*), Epiteto (*A arte de viver*) e outros.

Na prática, o estoicismo centra-se na vida em harmonia com as leis da natureza. Aprender com a natureza o que posso controlar ou não; aprender a melhor controlar o que está ao meu alcance; e aprender a usar em meu favor as coisas sobre as quais não tenho controle. Como usar esse "vento suave" a seu favor? Assim dizem os estoicos: usar a força do outro em meu próprio favor.

---

[103] Bíblia Sagrada, Lucas 10.41-42.

Saber é poder, e Maria escolhe saber para ter o poder que lhe era negado por quem tinha poder. Jesus falava sobre tudo, sobre o futuro que estava por vir, sobre os acontecimentos do presente e sobre o passado. Falava dos mistérios dos livros sagrados. Conforme Epiteto: "Quando refletir sobre o futuro, lembre-se de que todas as situações evoluem como devem evoluir, não importa quais sejam nossos sentimentos a respeito. Nossos temores e esperança não é o que nos abalam e perturbam, são os acontecimentos".[104]

Temiam os acontecimentos que não deveriam temer – os acontecimentos eram as "boas-novas de grande alegria", e não importava quão terríveis aparentavam ser. O homem que acalmou as tempestades no mar, deu alimentos aos famintos e curou doentes estava dentro daquela casa e, portanto, esse era um momento raro que não devia ser desperdiçado.

Em outra direção, vejamos a natureza da ansiedade de Marta. Tomemos como um estudo de caso. Não importando a causa, a ansiedade é um estado acelerado da mente, de preocupação, que retira a pessoa do presente real, conduzindo-a para longe do que importa.

Vejamos a citação anterior, separando as coisas sobre as quais não temos controle:

1. O futuro.

2. O movimento.

3. Nossos sentimentos.

Temos três acontecimentos nesse contexto que se passam independentemente de nossa vontade: o tempo que virá, o movimento que desliza nessa ou naquela direção e o fato de não sermos donos dos nossos sentimentos; somos capazes apenas de decidir sobre os nossos atos. O filósofo conclui dizendo: "O que nos abala são os acontecimentos", os temores e as esperanças dizem respeito aos acontecimentos. Mas nós temos controle dos acontecimentos? Tudo o que posso fazer em relação ao futuro é planejar no presente, mas eu não tenho controle algum dos caminhos e dos descaminhos da chegada do futuro, ou se lá estarei quando ele chegar.

O movimento flui na direção de uma seta ou de um círculo, dizem os físicos e os filósofos, sem que eu possa impedi-lo. Algumas vezes são curvas, subidas, descidas ou quedas bruscas. O que posso fazer em casos tais? Apenas

---

[104] EPITETO. *A arte de viver*. Uma nova interpretação de Sharon Lebell. Tradução de Maria Luiza Newlands da Silveira. Rio de Janeiro: Sextante, 2018, p. 69.

equilibrar-me nessa corda, que balança de um lado para o outro, mas não posso impedir o movimento. O que posso fazer é ajeitar-me dentro de um barco que desliza sobre as águas. Não posso controlar a água, mas posso usá-la em meu favor se eu souber navegar.

Aproveitando essa imagem do barco sobre as águas surgem algumas questões interessantes. Há pessoas que navegam em águas tranquilas e, mesmo assim, viram o barco. E há outro tipo de pessoa que, mesmo em um mar revolto, mantém o barco navegando em segurança. Tudo o que se pode fazer reside na maestria da condução do barco. Não podemos controlar os ventos nem as correntes marítimas, somente os instrumentos e os mecanismos do barco, para fazer bom uso dos elementos sobre os quais não temos controle.

Marta é a pessoa que afundaria facilmente, levando ao naufrágio seu pequeno barco em águas tranquilas – tomando a ansiedade daquele momento como referência. O momento de serenidade perdida – as "águas tranquilas" da presença do Mestre dos mestres – não estava tendo grande significado para ela. Maria, ao contrário, navegava nas águas tranquilas da serenidade do instante.

Nesse exemplo está o caráter resiliente quanto à aceitação daquilo que não posso mudar. O tempo mudou em relação aos corpos? Não há menos tempo do que antes nem um tempo mais rápido do que o de outrora. São os corpos que se movimentam mais rapidamente no mesmo tempo. Um corpo de hoje tem muito mais tarefa do que o corpo do começo do século 20 – daí a ilusão de que a causa da velocidade seja o tempo. A mobilidade urbana aumenta a velocidade dos corpos no espaço, mas na mesma quantidade de tempo. Multiplicamos nossas tarefas dentro do mesmo tempo.

Nessa nova realidade – pós-moderna – de relação espaço-tempo, tudo o que se relaciona ao corpo é contingente. O corpo, os sentimentos, o amor, o trabalho, as relações, tudo entrou em estado de contingência. Ou seja, não há mais longo prazo para nada. Dessa condição nasceu um mal-estar que a medicina considera que é necessário curar. Não se trata, contudo, de uma doença, mas do efeito das relações dos corpos com a velocidade que se impôs.

9.1 A ANSIEDADE HOJE

A estrutura do eu, da identidade individual, é o que nos põe em estado de organização psicológica. No embate travado com o inconsciente e o super "eu", a unidade central da mente, esse lado consciente (eu) põe-nos em negociação com o ambiente, em um jogo de forças com o interior e o exterior. O "eu" nunca descansa, nem mesmo quando dormimos. Ele está sempre em luta, como o equilibrista, na corda suspensa sobre abismos. Mas nós conseguimos estabilidade sempre que conquistamos uma harmonia mínima entre as vicissitudes do exterior com o nosso interior. Basta uma ruptura na ordem das coisas, internas ou externas, e o estado de ansiedade instaura-se imediatamente.

Assim como na biologia, há uma espécie de sistema imunológico em nosso aparelho psíquico que luta para reorganizar e restabelecer a harmonia interior. Não temos controle sobre as ondas de ruptura que se sucedem em nossas realidades tecnológica, econômica, social e política. Nossas emoções levam-nos junto com o mal-estar da cultura: "Nosso corpo biológico, que é insuficiente, a civilização, com suas rupturas contínuas, e a natureza, sobre a qual não temos controle" (Freud, *O mal-estar da civilização,* volume 18, 2010).

Na cultura, desenvolvemos a tecnologia que nos impõe mudanças contínuas. Na natureza, enfrentamos os furacões, os vírus, as tempestades, as secas e as nevadas – para falar apenas de algumas ameaças. E na biologia encaramos diariamente a potencial realidade do adoecimento, do envelhecimento e da nossa finitude. Nesses casos, não temos controle: podemos controlar nossa qualidade de vida, mas não podemos controlar o nosso envelhecimento e a nossa finitude. Não podemos controlar as rupturas da sociedade e da tecnologia. Seria muita ingenuidade pensar ter controle sobre a mente dos políticos ou o fluxo da Bolsa de Valores.

Com as contínuas revoluções tecnológicas, aceleramos nossas ações no tempo. O tempo tem a duração de antes do Renascimento, mas nossas tarefas multiplicaram-se muitas vezes mais. A ansiedade desse "tempo" nutre-se da incapacidade de esticar o tempo em relação ao aumento das atividades que inventamos – sobre o mesmo corpo e no mesmo tempo.

Byung-Chul Han, antes citado, dedicou-se a estudar a sociedade do nosso tempo. No livro *A sociedade do cansaço* (2023*)*, diz que vivemos, nesse modelo de desempenho, o sentimento do fracasso e experimentamos a depressão como resultado do elevado e ilimitado desempenho. Somos a sociedade dos fracassados porque as metas do desempenho fogem sempre que atingimos uma delas, e ficamos deprimidos por pura exaustão da busca pelo alto desempenho.

Não por acaso, as organizações mundiais de saúde incluíram em seus manuais a definição de "síndrome de Burnout", doença relacionada ao ambiente de trabalho que atinge a vida psicológica das pessoas. Han usa o conhecimento teórico da psicanálise, da filosofia e, sobretudo, do existencialismo francês e das análises sociológicas. Ele busca entender a relação entre os modos de produção da sociedade capitalista atual e os distúrbios psiquiátricos comuns em nossos tempos —por exemplo, síndrome de Burnout, depressão e transtorno de déficit de atenção e hiperatividade (TDAH) – com o ritmo de vida que nossa sociedade cobra das pessoas.[105]

Na sociedade atual não há limite para as metas. Como se fosse um superego tirano, o modelo de produção insere no desejo humano a busca ilimitada por metas sempre em crescimento. A ideologia de que não há limites na busca pelo sucesso leva milhares ao cansaço e ao estresse crônico. Ainda não conhecemos o limite entre saúde e sucesso – provavelmente seja a exaustão.

Nosso modelo econômico, como diz Han, é o modelo da exaustão. A ordem consiste em exaurir tudo que der lucro: os corpos e a natureza. Escavamos a Terra, abrimos crateras, destruímos as florestas, poluímos rios e matamos as pessoas que dependem da natureza para viver. Assistimos, em nossos celulares, a essa realidade como se fosse uma série da Netflix, o que nos leva a pensar que é algo normal, a condição necessária para o progresso. Pensamos ter o controle de tudo – ledo engano! A natureza cobra um preço que não podemos pagar. Estamos ocupados demais para perceber o que realmente importa. Nossa saúde e a saúde do planeta – que são a mesma coisa – importam.

Misturamos as coisas e estamos fazendo muito ao mesmo tempo – além do que precisamos para o nosso consumo. Talvez devamos voltar a ler a sabedoria dos antigos, incluindo os conselhos de Cristo, para aprendermos a viver. Epiteto lembra o seguinte:

---

[105] HAN, Byung-Chul. *A sociedade do cansaço*. Tradução de Enio Paulo Giachini. Petrópolis: Vozes, 2023.

> Se você achar que tem o domínio total sobre as coisas que estão naturalmente fora de seu controle, ou se tentar assumir as questões de outros como se fossem suas, sua busca será distorcida e você se tornará uma pessoa frustrada, ansiosa e com tendência a criticar os outros.[106]

Marta sente-se amarga e mostra-se crítica em relação à sua irmã, Maria. Isso chama a atenção do visitante, que conversa com Maria: embora ela ocupe-se de "muitas coisas, apenas uma coisa é necessária", diz o Mestre. E acrescenta: "E Maria escolheu essa boa parte".

A boa parte, independentemente das circunstâncias, tratando-se de uma mente acelerada, consiste em desenvolver estratégias de parada. Precisamos ter motivos para parar um pouco. Resgatar o tempo perdido – não as horas perdidas, mas a perda no tempo. Um tempo perdido ao modo de Marcel Proust. Um tempo no qual a única coisa que importa, a única questão nos tempos de angústia e ansiedade, seria alcançar a substância do tempo.

Assim, seria possível lidar com o tempo no sentido estoico, a fim de subtrair-se à sua lei e tentar apreender, por uma atitude estética de parar no tempo – numa atitude meditativa, num caminhar descalço nas areias em que as águas do mar deságuam, num passeio nas montanhas ou no simples ato de escutar uma história de amigos sem precisar olhar o celular –, captar a essência de uma realidade escondida no inconsciente, uma realidade "recriada pelo nosso pensamento".[107] Não podemos nos deixar vencer pela perda do mundo, pois estamos dentro dele. Buscar as coisas que realmente importam é uma questão a ser levada a sério.

---

[106] EPITETO, 2018, p. 22.
[107] PROUST, Marcel. *Em busca do tempo perdido*. Tradução de Lúcia Miguel Pereira. Rio de Janeiro: Ediouro, 2009.

10
O MESTRE E AS CRIANÇAS I

Disse Jesus: Com toda a certeza vos afirmo que, se não vos converterdes e não vos tornardes como crianças, de modo algum entrareis no Reino dos céus. Portanto todo aquele que se tornar humilde, como esta criança, esse é o maior no Reino dos céus. E quem recebe uma destas crianças, em meu nome, a mim me recebe.

(Mateus 18.3-5)

Pela filosofia em Nietzsche e Deleuze (*Deleuze e os bebês*), as crianças são tomadas como personagens conceituais. A mais bela forma de vida ativa, elas não desistem, não esquecem e olham o mundo com estranheza, qualidades de um devir filosófico. E o Cristo toma as crianças como modelo de cidadãos do reino dos céus.

É Rubem Alves quem nos traz Nietzsche ao falar das crianças: "Por oposição ao propósito da máquina educacional de transformar crianças em adultos, Nietzsche sugeria o oposto, dizendo que "a maturidade de um homem é encontrar de novo a seriedade que tinha quando criança, brincando".[108] Também no Antigo Testamento, lembra Rubem Alves: "E um menino pequeno vos guiará"[109]. São as crianças que veem as coisas – porque as veem sempre pela primeira vez com espanto, com assombro em relação à sua forma de ser. "Os adultos, de tanto vê-las, já não as veem mais. As coisas – as maravilhosas – tornam-se banais. Ser adulto é ser cego".[110]

E ninguém disse sobre crianças como Antoine de Saint-Exupéry – autor que dedicou um livro à inocência das crianças. Em *O pequeno príncipe*, um adulto vê na criança a mais pura forma do personagem conceitual: "Os adultos agem de forma estranha [...]. O essencial é invisível aos olhos, só se vê bem com o coração", e as crianças parecem ver e conversar com o coração das coisas.

Mais tarde, outro francês viu nas crianças o lugar no qual a vida encontra-se como na natureza, em sua forma mais pura. Isso mesmo: a vida encontra sua forma mais pura nas crianças, principalmente nos bebês. As crianças são constantemente mencionadas na filosofia por representarem o tipo psicológico ideal: elas esquecem facilmente e não desistem com facilidade. Assim diz Nietzsche ao referir-se às crianças como os indivíduos que se debruçam sobre os muros da história e dão risadas.

Stéfan Leclercq e Gilles Deleuze[111] apresentam o bebê como um personagem conceitual e veem nele a "forma mais profunda de relação entre vida e pensamento". Os autores traduzem o caráter de indeterminação do bebê, afirmando que "a vida [...] encarna na figura do bebê", uma vez que ele é

---

[108] ALVES, Rubens. *Do universo à jabuticaba*. 3. ed. São Paulo: Planeta, 2015, p. 50-1.
[109] Bíblia Sagrada, Isaías: 11.6.
[110] *Idem*.
[111] LECLERCQ, Stéfan. *Deleuze et les bébés*. Concepts. Número fora de série sobre Gilles Deleuze. Tradução de Tomas Tadeu da Silva. Paris: Sils Maria Édition, 2002, p. 258-273. Disponível em: http://www.ufrgs.br/faced/tomaz/im_criancas.htm. Acesso em: 23 set. 2023.

inteiramente uma "singularidade pré-individual".[112] No artigo em questão, os autores dizem ser possível afirmar que "todos os bebês se parecem, embora mostrem expressões que os atravessam inteiramente, como um sorriso ou uma careta". Essas expressões são "a manifestação de uma vida que percorre e singulariza o bebê, sem individualizá-lo" – expressões que fazem dele algo "que pertence apenas ao sensível".[113] É o modo como as crianças habitam o mundo, tocando as coisas, seguindo rastros por instintos.

Sobre habitar este mundo de pura imanência cabe uma questão: "Não será preciso guardar um mínimo de estratos, um mínimo de formas e de funções, um mínimo de sujeito"[114] para que deles pudéssemos extrair aquilo que, de algum modo, seria da ordem do acontecimento? Não devemos correr os riscos de permanecer na ideia de uma viagem psicodélica nas asas do plano da imanência. O mundo das crianças é como "pintou" Exupéry, as crianças falam com as flores e com os animais. Elas sabem retirar uma potência das coisas que os adultos perderam. Seria essa a questão de não nos curarmos excessivamente, por que a cura excessiva nos faz excessivamente adultos e chatos.

Deleuze ainda aponta a libido como a potência política de uma criança.[115] Volta à questão do pequeno Hans e de outras crianças psicanalisadas (Freud [Hans], Melanie Klein [Richard] etc.). A libido impõe "trajetórias histórico-mundiais".[116]

O modo político de Deleuze/Guattari passa sempre por movimentos, aberturas, fugas, escapadas, idas para os espaços abertos, o mundo é o limite: a geografia em oposição à história, os mapas e não os decalques, o rizoma contra a árvore, a erva daninha em meio às plantas domésticas, a grama e não o arbusto, o animal selvagem em oposição ao animal domesticado em Édipo, o esquizofrênico no lugar do neurótico deitado no divã. Entre os exemplos, "os aborígenes da Austrália unem itinerários nômades e viagens em sonho, que, juntos, compõem 'um entremeado de percursos', 'num recorte do espaço e do tempo que é preciso ler como um mapa".[117]

---

[112] *Ibidem*, p. 23.

[113] *Idem*.

[114] DELEUZE, Gilles e GUATTARI, Félix. Mille plateaux. *Capitalisme et schizophrénie*. Paris: Les Éditons De Minuit, 1980, 330.

[115] DELEUZE, *Critique et clinique*, p. 81-82.

[116] *Ibidem*, p. 83.

[117] *Idem*.

Muito semelhante ao comportamento das crianças, que exploram os meios por meio de trajetos dinâmicos para, então, construir mapas desses trajetos essenciais à atividade psíquica.

A criança tem uma essência experimental desde o início. A atividade política de uma criança é a mesma já descrita e seu protocolo experimental consiste em situar-se no lugar (platô) para, em seguida, explorar os espaços da vizinhança. Em oposição à política das crianças encontram-se os pais (em nosso caso, a psicanálise), que têm o hábito de remeter a maior parte dos trajetos e das linhas do mapa às figuras centradas papai-mamãe.

Carlos Castañeda mostrou em que medida um "crivo" pode ser importante para o começo das experimentações, um lugar confortável que oferece a perspectiva necessária do mundo que se deseja explorar, mas o crivo tem a finalidade de meio. O crivo de uma criança é seu meio, seus brinquedos, sua vizinhança, os animais que, mutuamente, entendem-se. O crivo e o platô, esses são os lugares de perspectiva que uma criança começa a ter do mundo, a porta de entrada, que inclui os pais; porém as saídas para o mundo são as crianças que vão inventar em seu território – primeiro a casa e depois a escola, com seus amigos.

11

O MESTRE E AS CRIANÇAS II

O povo também estava trazendo criancinhas para que Jesus tocasse nelas. Ao verem isso, os discípulos repreendiam aqueles que as tinham trazido. Mas Jesus chamou a si as crianças e disse: "Deixem vir a mim as crianças e não as impeçam; pois o Reino de Deus pertence aos que são semelhantes a elas. Digo a verdade: Quem não receber o Reino de Deus como uma criança, nunca entrará nele".

(Lucas 18.15-17)

As crianças precisam de muito pouco para serem felizes. No meu tempo, bolas de gude em um chão de barro riscado ou com três pequenos buracos côncavos – eram as bulicas –, assim nos encontrávamos depois das aulas. Nenhum adulto precisava interferir nas regras do jogo. São as crianças que inventam e reinventam as regras. Os sociólogos não sabem que nesse jogo já existe toda a tese de coesão social? Os pedagogos não viram que as crianças praticam de forma real e concreta tudo o que os professores vão tentar ensinar de forma abstrata e distante da realidade das crianças? Geometria, cálculos complexos, jogo de forças da física, uso do corpo e da convivência com regras sociais. Está tudo lá no jogo e no empinar pipas de rabiolas.

(Clécio Branco, sobre o tempo da infância)

Dizíamos do lugar platô, ponto de partida das crianças, de seus trajetos e de seus mapas, tudo que precisam para serem as pequenas máquinas de invenção, lugar de partidas e retornos, caso fracassem na experimentação.

Nessa linha que tomamos, cabe perguntar o que poderia significar Cristo para as crianças naquela cena. Vejo-o como o ponto de interseção, ponto de atração. As crianças precisam aproximar-se, sentir seu calor e tocar nos pontos de luminosidade. E Cristo é o *numinosum* dos corações puros – é impossível às crianças não se sentirem atraídas pela figura do homem contador de grandes histórias: "O semeador que saiu a semear", "A figueira que não frutificava", "O bom samaritano", "O filho que saiu de casa", "O grão de mostarda"...

As crianças aconchegam-se em volta de quem conta histórias, sobretudo histórias que contêm imagens da natureza. As histórias abrem trajetos e devires. As crianças precisam desse lugar como ponto de partida, o lugar das histórias, lugar a partir do qual elas mesmas farão suas histórias.

Esquecemos das rodas de contadores de histórias da nossa infância. As crianças nem mesmo se importam com que repitamos as histórias. Elas pedem com brilho nos olhos: "Conta de novo?". Talvez por isso o singelo Chaves, o Senhor Barriga, o Professor Girafales, a Dona Florinda e o Senhor Madruga – quase todos esses atores já morreram – nunca deixaram de fazer sucesso. Desde a década de 1970, eles repetem as histórias infantis, mas os adultos também assistem com as crianças. Provavelmente por motivo semelhante, *O pequeno príncipe* é o livro que todos nós lemos na infância ou na adolescência e que continuamos a ler na vida adulta.

O lugar desse tempo perdido é o lugar da quietude, das paradas entre os estágios de velocidade e lentidão – o repouso das faculdades da mente, a busca no inconsciente, lá, onde a alma encontra seu ser, um território esquecido dentro de uma ilha em nossa história. Lá, onde um dia fomos crianças, uma parada apenas pelo tempo necessário; depois seguimos adiante.

Chamo de atividade política essa luta com nossas realidades, interior e exterior – já é muita gente, uma verdadeira multidão em nós. A educação da casa, da igreja, as repartições do trabalho, o desejo barrado e a parte que escapa, o mundo inteiro em mim. Por isso uma política sem partido, o "eu" já é bem povoado de espaços entre os segmentos, os deslocamentos e as paradas. Tal lugar só é útil neste sentido: como ponto de partida, ele serve para ser abandonado em função dos "trajetos essenciais para a atividade psíquica".

Essa atividade política não depende tanto dos deslocamentos espaciais; depende, em maior medida, dos meios. Os deslocamentos são funções, sujeito e objeto, e acontecem de uma identidade a outra. É mais de intensidade, velocidade, lentidão e repouso. Não confundir esses estágios por deslocamentos. Os orientais atingem velocidades infinitas em paradas profundas estando no mesmo lugar. São os movimentos mais velozes do corpo, de todos os corpos. Em oposição às intensidades, estão as segmentaridades, que são marcações duras.

A segmentaridade compõe uma longa linha de deslocamentos, de um espaço a outro, da casa à escola, da casa à igreja para o culto etc.[118] Nesse caso da segmentaridade, os espaços existem como funções primeiras, são fixos, os pais estão em primeiro lugar – são eles que definem como sentar, como dizer no momento em que estiver autorizado, independentemente dos meios em que se situam. Contudo as crianças querem ocupar o meio entre as coisas e as coisas só são importantes porque também servem como meio no meio. É o mesmo que Deleuze diz sobre arte, pintura ou escultura. A arte é, antes de tudo, a arte de cartografar.

> [...] Ela ordena caminhos, ela mesma é uma viagem. Uma escultura segue os caminhos que lhe dão um fora, só opera com curvas não fechadas que dividem e atravessam o corpo orgânico, só tem a memória do material [...]. Carmen Perrin limpa blocos erráticos de verdor que os integra à submata, devolve-os à memória da geladeira que os trouxe até aqui, não para assinar-lhes a origem, mas para fazer seu deslocamento algo visível.[119]

---

[118] Deleuze e Guattari tomam a análise de Foucault – por ele denominada *microfísica do poder* e que se encontra em *Vigiar e punir*. O poder também tem suas formas de miniaturizar e entrar em imitações moleculares, exercido em detalhes espalhados por espaços "abertos" ou fechados, para exercitar neles a disciplina. Igualmente ocorre na escola, no exército, na prisão etc. (FOUCAULT, Michael. *Vigiar e punir*, 2003, p. 140-207).

[119] DELEUZE, 1993, p. 87.

11.1 A ARTE DA GUERRA NOS DOMÍNIOS DA CARTOGRAFIA

Em *O covil*, Kafka distribui víveres por todos os caminhos e bifurcações dos túneis, mas é tudo uma estratégia para facilitar a fuga.

Nunca se sabe quando ou por onde o inimigo vai atacar. O meio é composto de qualidades, substâncias, potências e acontecimentos fundamentais. No caso de Hans, a rua e suas matérias, como a calçada e os ruídos dos comerciantes; os animais, como os cavalos atrelados; e seus dramas (escorregar, cair, ser chicoteado).

O trajeto não apenas se confunde com a subjetividade daqueles que percorrem um meio; ele reflete-se naqueles que o percorrem. O mapa exprime a identidade do percurso e do percorrido e confunde-se com seu objeto quando o próprio objeto é movimento.[120] Os pais são um meio, a rua é um meio; um meio é aquilo que a criança percorre e em que traça um mapa aberto à entrada de outros meios. Objetos e parentes são coordenadas de tudo aquilo que é investido pelo inconsciente.

As crianças estão sempre mergulhadas no meio que percorrem. É ilusão dos pais pensar que são a figura mais importante; eles também são meios entre meios, facilitadores de aberturas e fechamentos de novos meios. O mundo não deriva dos pais, que são apenas meios de entrada no mundo: a posição cartográfica de Deleuze/Guattari em oposição à posição arqueológica da psicanálise. Ao falar de educação infantil, tomando uma cena do livro sagrado, chamo a atenção para o fato de não estar tecendo comentários em conformidade com uma dada religião. Desejo ressaltar as obstruções que os adultos causam nas crianças – foi isso que Cristo censurou na cena.

Os mapas não deveriam ser obstruídos em nome da educação ou de uma falsa segurança da criança. A educação de uma criança está no desenvolvimento de suas faculdades, que, por sua vez, resultam da extensão de suas linhas e de seu mapa. As crianças precisam ir de um deslocamento a outro. "Deixai vir a mim os pequeninos" – esse é um deslocamento, um trajeto de experimentação de devires. Os adultos atrapalham essas coordenadas das crianças, espantam os devires e sujam os mapas da infância. Se fazem isso em nome da proteção das crianças, será necessário avaliar se elas correm perigo real.

---

[120] *Ibidem*, p. 81.

Elas desejavam escutar Cristo, desejavam aproximar-se e tocar nele. Ele fazia o que as crianças mais gostam – ele contava histórias: "Eis que um semeador saiu a semear...". E elas ficavam atentas, à espera da frase subsequente.

No entanto o mapa é mais do que sua extensão; existem os mapas extensos e os mapas intensos. Os primeiros têm a ver com uma distância percorrida, da casa à esquina do bairro, por exemplo, ou com origem na sexualidade, nos pais e na concepção clássica do desejo. Sempre ocorre de fazer desse tema um segredo sujo. Os mapas intensos e densos são aqueles preenchidos pelo espaço liso que sustenta as trajetórias, fazendo com que uma criança perceba um cavalo construindo uma lista de afetos ativos e passivos (ao modo espinosista).

É a distribuição de *afectos* que torna os órgãos conversores, transformadores. Os órgãos deixam de ser apenas organismos para tornarem-se mapas de intensidade. Os pais também são mapas de intensidade. A criança, como uma pequena máquina de guerra, faz essa operação nos organismos para criar neles – e a partir deles – pequenos corpos sem órgãos,[121] espaços intensos de onde criam suas histórias, seus jogos, suas tramas e brinquedos. Uma criança inventa uma música, uma sonoridade ou um ruído dentro de um mundo incompreensível pelos adultos, da mesma situação conversam com amigos invisíveis que só elas sabem.

Não é uma simples derivação papai-mamãe. Elas constroem um mapa a partir desses órgãos, mas para fazer deles uma valência e um vetor sempre remanejáveis, na proporção dos movimentos e dos trajetos das constelações afetivas que as determinam. Ainda assim, os pais encontram-se como meios

---

[121] Corpo sem órgãos (CsO) (em francês: *corps sans organes*) é um conceito metafísico aplicado pelo filósofo francês Gilles Deleuze e aprofundado com Félix Guattari, que, em geral, refere-se à realidade subjacente mais profunda de um todo bem-formado, organizado e construído a partir de partes inteiramente funcionais. Ao mesmo tempo, o termo também pode descrever a relação prática entre os corpos literais, sólidos, físicos. Deleuze começa a usar a expressão em seu livro *Lógica do sentido* (1969), enquanto discute as experiências, vivências e escritos de Antonin Artaud, poeta e ator francês. Depois, corpo sem órgãos (ou "CsO") torna-se vocabulário fundamental em *Capitalismo e esquizofrenia*, publicado em dois volumes (*O anti-Édipo*, [1972], p. 30. e *Mil Platôs*, volume 3 [1980]), escritos em colaboração com o psicanalista Félix Guattari. Fonte: wikiwand corpo sem órgãos - Pesquisar (bing.com). Acesso em: 15 dez. 2023. Ver Ovídio Abreu Filho. DELEUZE, Gilles e GUATTARI, Félix. 1995-1997. *Mil Platôs*. Capitalismo e Esquizofrenia. Rio de Janeiro: Editora 34, 1980. Acesso em: 15 dez. 2023.

dessas operações intensas. Um mapa intensivo é feito de constelações de afetos e devires.

Assim, é impossível para a criança que um animal seja uma representação inconsciente do pai ou da mãe. Quando houver tal representação é porque foi induzida por uma interpretação, porém, ainda assim, as imagens misturam-se nos trajetos e nos devires que compõem o mapa. São linhas, sucessão de pontos que vão do centro da casa aos arredores da vizinhança. Intensidade está no percurso, nos trajetos que os pais devem seguir para a proteção, mas devem permanecer como facilitadores das construções. Nunca impedir quando o encontro é com as experimentações seguras – imagina impedir que encontrem o maior contador de histórias de todos os tempos.

12

O BOM SAMARITANO

Ajuda-te a ti mesmo e todos te ajudarão.
(Nietzsche, *Crepúsculo dos deuses*, 2019)[122]

Certa ocasião, um perito na lei levantou-se para pôr Jesus à prova e lhe perguntou: "Mestre, o que preciso fazer para herdar a vida eterna?". "O que está escrito na Lei?", respondeu Jesus. "Como você a lê?". Ele respondeu: "'Ame o Senhor, o seu Deus, de todo o seu coração, de toda a sua alma, de todas as suas forças e de todo o seu entendimento' e 'Ame o seu próximo como a si mesmo'". Disse Jesus: "Você respondeu corretamente. Faça isso e viverá". Mas ele, querendo justificar-se, perguntou a Jesus: "E quem é o meu próximo?". Em resposta, disse Jesus: "Um homem descia de Jerusalém para Jericó quando caiu nas mãos de assaltantes. Estes lhe tiraram as roupas, espancaram-no e se foram, deixando-o quase morto. Aconteceu de estar descendo pela mesma estrada um sacerdote. Quando viu o homem, passou pelo outro lado. E assim também um levita; quando chegou ao lugar e o viu, passou pelo outro lado. Mas um samaritano, estando de viagem, chegou onde se encontrava o homem e, quando o viu, teve piedade dele. Aproximou-se, enfaixou-lhe as feridas, derramando nelas vinho e óleo. Depois, colocou-o sobre o seu próprio animal, levou-o para uma hospedaria e cuidou dele. No dia seguinte, deu dois denários ao hospedeiro e lhe disse: 'Cuide dele. Quando eu voltar, pagarei todas as despesas que você tiver'. "Qual destes três você acha que foi o próximo do homem que caiu nas mãos dos assaltantes?" "Aquele que teve misericórdia dele", respondeu o perito na lei. Jesus lhe disse: "Vá e faça o mesmo".

(Lucas 10.25-37)

---

[122] Disponível em: Amazon.com.br eBooks Kindle: Crepúsculo dos Ídolos (Coleção Nietzsche), Nietzsche, Friedrich. Acesso em: 17 dez. 2023.

Jesus traz de volta à cena a questão dos samaritanos. Ele segue a crítica pelas bordas, mostrando-se bem sutil ao fazer uso de uma parábola. Enquanto Foucault adota o método da arqueologia, Nietzsche recorre aos aforismos, Platão usa os diálogos e Jesus entra na galeria dos grandes pensadores usando as parábolas; é o método de se dizer as coisas, cada um tem o seu.

O método é sempre uma estratégia de funcionamento, uma peça de máquina de guerra. Uma forma de combate sem derramar sangue, dizer as coisas entre outras coisas. As parábolas são a antítese das justezas dos doutores da lei, o contraditório irrefutável de onde a síntese era admitida pelo próprio interlocutor.

Por meio das parábolas, Jesus diz tudo o que quer. Ele sabe que os interlocutores querem pegá-lo em contradição, mas a parábola é uma arma de guerra sutil. A intenção na parábola do bom samaritano não deve ser a exaltação de Samaria, mas, sim, a enunciação do tipo de homem que deve servir de exemplo, um homem para além daqueles que ocupavam o templo, para além dos homens de palavras vazias.

Nietzsche usou uma parábola em *Assim falou Zaratustra*. O livro inteiro é uma parábola – algo como o "evangelho segundo Nietzsche". Com enfoques distintos, ambos adotam esse método para falar de um homem para além do homem comum. Um tipo de homem que sai do meio da humanidade com força e sobriedade. Em Cristo, o fundo da parábola é a abordagem do perito das leis judaicas, que questiona qual caráter deveria ter o cidadão para lhe possibilitar a entrada na vida eterna, qual seria a regra de conduta desse tipo de homem. Sabiamente, Jesus evoca aquilo que seu interlocutor domina ou sobre o qual pensa ter o domínio: o conhecimento das leis.

"O que está escrito na Lei?", retruca Jesus. "Como você a lê?". Como você interpreta a lei, o que você entende sobre a lei nesse aspecto? Digo ao meu modo. Se era a lei que interessava àquele homem, então é em torno da lei que Jesus evoca o debate. É no campo da legalidade que ele será apanhado em sua trama. A resposta do homem da lei estava correta: "Amar a Deus e ao próximo como a ti mesmo". Mas a causa de um hipócrita está sempre velada – a hipocrisia oculta uma perversão.

Na psicanálise, a perversão é um desvio de propósito. No contexto freudiano, é do campo sexual que se está falando, não da sexualidade restrita aos órgãos, mas da ligação libidinal. Nesse sentido há erotismo, no sagrado e no profano, uma energia libidinal percorre toda vontade do moralista, está escondida sob as vestes daquele sacerdote e no *status* do lugar que ocupava

– em sentido amplo, o perverso faz um desvio para atingir seu desejo. No caso em questão, o jurista faz um desvio para encurralar Cristo.

Para o homem, a questão do próximo ainda não estava muito clara. E ele imagina que o homem da lei não sabe nada do objeto da lei, o próximo. Nesse momento, Jesus introduz a parábola. As parábolas de Jesus são muito didáticas. Como diriam os orientadores de tese: "Você tem que escrever de tal forma que até mesmo a vovó entenda". No caso das parábolas, eu digo que inclusive as crianças entendem.

Françoise Dolto é quem relata, acerca de sua infância, as muitas ocasiões em que ouviu da boca do vigário essa mesma parábola: "Meus caros irmãos, Jesus nos pede para amarmos nosso próximo, para cuidarmos de todas as misérias, para dedicarmos nosso tempo, nossa vida, aos infelizes. Não sejamos egoístas como esse sacerdote e esse levita, que enxergam e passam adiante".[123]

Como se vê, o vigário da paróquia de Françoise Dolto define muito bem o que faz um sujeito ser o meu próximo. O homem das leis queria mesmo saber quem era o próximo? Jesus foi direto ao ponto, apresentando um desconhecido, uma vítima da perversidade alheia, alguém desprovido de recursos, como o próximo de quem se deve cuidar. Qualquer um que esteja em condições precárias, necessitando de auxílio, é o nosso próximo.

Para contrariar ainda mais o legalista, a parábola expõe o sacerdote como aquele que passa ao largo e, em seguida, um levita. Os levitas eram os "separados", os santos, os escolhidos por não adorarem o bezerro de ouro. Observe que Jesus está jogando com personagens muito caros aos olhos e ao julgamento do jurista.

Esses são personagens centrais do sistema religioso: um sacerdote e um levita. Eles não enxergam o próximo que Jesus está apresentando na parábola e, para contrariar a ordem, há uma inversão de sentidos. O samaritano, assim como a mulher samaritana do poço de Jacó, eram pessoas de pouco valor aos olhos do homem da lei. Mas é justamente ele quem carrega o indigente para sua casa, cuida de seus ferimentos e oferece suprimentos e recursos para sua viagem. A lei de que o jurista entendia muito bem cumpre-se dessa forma.

A lei é o amor em ação, uma práxis, como já assinalado aqui. O saber sobre as leis não tem valor algum sem a sua justaposição à aplicação prática. A resposta dada ao que inquiriu sobre quem estaria na vida eterna veio de

---

[123] DOLTO, 1979, p. 142.

forma inesperada. O homem da lei não conseguiu encurralar Jesus dessa vez. Creio ter sido difícil, para um homem arraigado a tradições, ouvir a parábola que define o cidadão da vida eterna. Jesus levou-a a confessar com a própria boca quem é o cidadão verdadeiro da vida eterna: "Qual desses três você acha que foi o próximo do homem que caiu nas mãos dos assaltantes?". "Aquele que teve misericórdia dele", respondeu o perito na lei. E Jesus, então, disse-lhe: "Vá e faça o mesmo".

Mas façamos um desvio sobre a questão do próximo e do amor a ele destinado. São apenas duas questões: "O que fazer para ter o nome inscrito nos céus?" e "Quem é o meu próximo?". Jesus não censurou o sacerdote, nem o levita; ele apenas contou uma história.

De acordo com Ellen White, "Cristo ilustrou a natureza da verdadeira religião. Mostrou que consiste não em sistemas, credos ou ritos, mas no cumprimento de atos de amor, em proporcionar aos outros o maior bem, em genuína bondade".[124] O samaritano não é um intelectual, nem alguém importante para a sinagoga; ele é um desconhecido. Na verdade, Jesus abordou três questões: definiu quem é o cidadão dos céus, descortinou a natureza do próximo e mostrou o que é o amor.

Jesus descreve uma prática ao recordar a lei pouco lembrada: "Amor ao próximo". Ele desloca a prática centralizada do amor do âmbito religioso, estendendo-a ao mundo social. É possível tomar dois caminhos opostos: o amor ao próximo como utopia e o amor ao próximo como modo das relações interpessoais na humanidade.

Para pensar o amor ao próximo como utopia, o sentido da palavra é algo que ainda não existe, algo (ou alguma ação) que se encontra no porvir. No sentido platônico, trata-se de uma Ideia situada fora desse mundo das sensibilidades – pensando nessa linha, o próximo é o Real, no dizer de Slavoj Žižek. Para ele, o Real é o impossível a ser alcançado. E o próximo, sendo o Real, é também o inferno a que se refere Sartre na novela *Entre quatro paredes*. É o incômodo que não queremos ter por perto, pelo menos não muito próximo a ponto de incomodar-nos.

Em geral, compreendemos melhor por meio de paradoxos, por isso vamos expor duas sentenças contrárias, com o fim de surtir o efeito necessário: "Amarás o teu próximo como a ti mesmo" e "O inferno é o outro" – a

---

[124] WHITE, Ellen. *O desejado de todas as nações*. São Paulo: Casa Publicadora Brasileira, 2022, p. 497. Disponível: Livro - O Desejado de Todas as Nações | Ellen G. White Books (cpb.com.br). Acesso em: 17 dez. 2023.

segunda entrando em conflito direto com o ideal da primeira. Porém não vamos ficar apenas com as ideias de cada sentença. Pensemos na possibilidade do encontro com o *próximo* da forma apresentada em *Arriscar o impossível*, ou seja, o próximo como impossível.

Em seu livro, Slavoj Žižek, em conformidade com Lacan,[125] diz que o próximo é o *Real* e que o encontro com o Real é impossível. O que nos é dito acerca do *Real* é sempre da ordem da impossibilidade na linguagem. O *Real* é inacessível a ela. Isso quer dizer que podemos falar em torno dele, mas nunca dele mesmo, assim como ocorre na teologia, que só pode falar do que Deus não é.[126] A teologia é um conhecimento negativo sobre aquilo que busca saber. O homem sempre verá Deus pela perspectiva humana e oscilante no que diz respeito a emoções e desejos.

Byung-Chul Han, em *Sociedade paliativa*, adverte-nos quanto a esse amor ao próximo em tempo de pandemia: "De modo paradoxal, o amor ao próximo se expressa como manter a distância. O próximo é um portador de vírus em potencial. A virologia desapossa a teologia".[127] Aquele da rua, sem cama e sem teto, sem comida e sem higiene? O próximo ferido de guerra, longe de sua casa, sem Estado, sem identidade? Como trazê-lo para perto? Por impossibilidades diversas e/ou condições específicas, não é possível acolhê-lo muito próximo. Logo, "o amor ao próximo" é impossível. Isso porque o encontro com o *Real* é da ordem de um trauma que todos querem evitar.

O *Real* a que me refiro aqui é o *próximo* como ele é, sem floreios, com as características que o diferenciam de mim. *O próximo* com suas extravagâncias, com tudo aquilo que me causa mal-estar. Pensemos que, para (con)viver com o próximo em amor, seria necessário amá-lo como ele é, aceitando-o com todos os seus vícios, seus hábitos e suas rabugices. Imagine um "próximo" que fuma vivendo próximo de seu "próximo" que abomina cheiro de cigarro. Por aí já se percebe que tal encontro, repito, é da ordem do trauma.

Todo mundo quer viver em segurança, no sossego e na privacidade de seu conforto. Obviamente, alguém poderá alegar: mas, para amar o próximo, não é preciso estar perto dele, já que o mandamento também diz: "como a

---

[125] ŽIŽEK, Slavoj. *Arriscar o impossível*. Tradução de Vera Ribeiro. São Paulo: Martins Fontes, 2006.
[126] FROMM, Erich. *A arte de amar*. Tradução de Milton Amado. São Paulo: Martins Fontes, 2015.
[127] HAN, Byunh-Chul. *Sociedade paliativa*: a dor hoje. Tradução de Lucas Machado. Petrópolis: Vozes, 2021, p. 35.

ti mesmo" – portanto a proposta é amá-lo sem me abandonar. Mas isso é uma fuga da questão. O que se quer evitar é o encontro impossível com o *Real*, que é traumático demais para ser simbolizado. É aí que se interpõe a sentença de Sartre: "O inferno é o outro". Esse outro é sempre impossível de ser encontrado e sua presença abre uma ferida traumática que não pode ser representada na linguagem, ou seja, não pode ser suportada por muito tempo.

O próximo tem de ficar o mais longe possível, pois a proximidade incomoda a ponto de tornar-se um inferno. Ele, o próximo, só é suportável no nível da fantasia, que o coloca sempre ao longe, em uma forma de adiamento perpétuo: o cristianismo secularizado, esse, da nossa cultura, desde os tempos medievais, situa o encontro com o próximo numa distância inalcançável. O próximo é reduzido por coerção às regras do igual. Que seja assim, ou não será o próximo objeto de amor! Não se trata, portanto, do próximo como é, mas de como as pessoas gostariam que ele fosse. Ou seja, transformado em um ser passivo, produto da vontade de outro.

A pluralidade simultânea do indivíduo tende a ser privada em sua potência, que é a sua essência. A capacidade da mente do ser é agir no nível máximo de sua potencialidade.[128] Eu aqui, o próximo lá, no lugar de sua indiferença, com seus costumes e seu modo de ser que o diferem do rebanho.

Falo, aqui, do sentido assumido pelo assistencialismo e pela caridade como formas usuais de atenção destinada ao próximo, do fato de essas práticas poderem ser realizadas com o próximo longe de seu benfeitor, ou nas hipóteses em que descaracterizamos o próximo, transformando-o em um igual, assemelhado a como imaginamos os anjos.

Enquanto a tão propalada fórmula do amor ao próximo não é possível, vamos inventando outras para mantê-lo o mais longe possível de nossas casas. Ao enviar roupa e dinheiro para o próximo, por exemplo, é como se obtivéssemos uma liminar que o mantém a uma distância segura. De uma forma estranha, não se pensou no fato de que o que verdadeiramente se quer evitar é o encontro – que, enfatizo, é de natureza traumática, tornando-se impossível suportá-lo. Por isso, cogitar-se a impossibilidade do "amor ao próximo".

Não devemos tomar o imperativo "ama o teu próximo como a ti mesmo" como se fosse uma frase vazia. Não foi uma mente ingênua que a proferiu; foi Jesus quem o disse. Antes, porém, já era uma proposição judaica.

---

[128] ESPINOSA, Baruch de. *Ética*: da origem e da natureza dos afectos. Lisboa: Relógio D'Água, 2020, p. 201-202.

Cristo faz lembrar reiteradas vezes: "Ouvistes o que foi dito aos antigos."[129] E segue relembrando os mandamentos, ora apresentados em uma versão mais atualizada: "Eu, porém, vos digo: amai os vossos inimigos e orai pelos que vos perseguem."[130]

Trata-se, sem dúvida, de uma proposta ética, e embora tenha sido dita há cerca de dois mil anos, ainda não foi plenamente realizada, permanecendo na perspectiva de uma humanidade que ainda virá. Trata-se de um *topos* que ainda não está entre nós. Como costumamos dizer das utopias, são como flechas lançadas na direção do universo, assim como ocorre em Kant e em seu conceito de "imperativo categórico". Mesmo que não haja um ser humano sequer no planeta que a pratique, mesmo assim, a ética kantiana não deixa de ser verdadeira. *Amar o próximo como a si mesmo* é a máxima desse tipo, uma ética para o "além-homem",[131] ou, dito de outra forma, para o homem que virá um dia.

Essa é uma das muitas possibilidades de enfrentar a questão da ética no postulado "amar o próximo". Se considerarmos a máxima uma utopia, não se trataria de diminuir seu valor. Andamos em busca de utopias e, quando olhamos para trás, percebemos que andamos muito.

A utopia foge para mais adiante e, focados nela, continuamos caminhando na direção do que melhor podemos alcançar. A parábola do bom samaritano é essa meta colocada à nossa frente. A respeito dessa parábola, Françoise Dolto diz:

---

[129] Bíblia Sagrada, Mateus 5.21-38.
[130] Idem, 5:44.
[131] Alusão ao pensamento de Nietzsche sobre o *além-homem*, algumas vezes traduzido como super-homem ou sobre-homem, **sujeito dançante cujo ressentimento a respeito das desgraças do mundo ele superou**, presente em *Assim falou Zaratustra*. Trata-se do ser humano superior a ele, a quem o filósofo refere-se nas palavras de Zaratustra: "O homem do ressentimento é aquele cujas forças reativas predominam, ele é escravo de seu tempo, não consegue ir para além da conservação" (NIETZSCHE, F. *Assim falou Zaratustra*. São Paulo: Civilização Brasileira, 2020, p. 18).

> Ele vê o homem abandonado na beira da estrada. Aproxima-se. Viu porque tinha o espírito vigilante como todo viajante da época, ele se sabia ameaçado por vagabundos. Ele se identifica com esse homem estendido e ferido na beira da estrada. Poderia estar no seu lugar. Estará, talvez, na próxima viagem.[132]

Essa citação contém a base da identificação amorosa: imaginar-se no lugar do outro. Imaginar a cena de estar ferido e assustado, sozinho, na estrada, desamparado e lançado no mundo de incertezas. Imaginar-se no lugar do outro, identificar-se com o sofrimento do outro – algo que, contudo, não parece acontecer com o sacerdote e o levita.

A questão da empatia pode ser seu oposto: a antipatia gerada pelo preconceito. Há um preconceito entre judeus e samaritanos naqueles dias. E há preconceito em relação a pessoas estranhas – lugar de medo, receios, estranheza e autoproteção. Mais ainda: há um sentimento negativo em relação àqueles que são "jogados na sarjeta", pessoas que vivem de doações, pessoas sem-teto – moradores de rua que, muitas vezes, são tomados por vagabundos, rejeitados, escória de preguiçosos e tantos outros adjetivos.

Jesus pergunta: "Quem se importou com esse próximo, esse homem desumanizado, reduzido à impotência corporal e social, homem que, abandonado no estado em que se encontrava, teria morrido sem ajuda?".[133] A empatia que leva alguém a imaginar-se no lugar do outro pode ser enumerada aqui:

1. Tem disponibilidade para ceder um pouco de tempo para o outro.
2. Ele usa força física para ajudar o homem ferido a levantar-se e caminhar.
3. Estabelece o contato físico de segurar e amparar o corpo ferido. Levanta-o para colocá-lo sobre seu cavalo.
4. Usa o que tem à mão para cuidar do ferido.
5. Desinfeta as feridas com vinho.
6. Massageia com óleo.

---

[132] DOLTO, *1979.*, v. I, p. 143.
[133] *Idem.*

7. Leva o homem a uma hospedaria para que ele descanse em segurança.

8. Promete ao dono da hospedaria voltar e reembolsar possíveis gastos extras.

9. Ele dedicou tempo a tudo isso. Ele doou tempo, dinheiro, empatia, preocupação, dedicação e responsabilidade.

Esses são alguns dos gestos do amor ao próximo.

O amor é envolvimento e doação. O bom samaritano é o modelo de humano ideal, candidato ao reino dos céus. Mas é certo que ele não pensou em nada disso, ou seja, em comprar um bilhete de entrada. Ele apenas fez. O reino dos céus é apenas um detalhe, uma consequência.

Os homens e as mulheres que fazem o bem por amor são movidos por motivação interna. É um ato de autonomia da vontade. O amor é altruísta, autônomo. Pode-se mesmo dizer que o amor é a extrema realidade da autonomia da vontade. Ninguém pode obrigar o amor e ninguém ama por obrigação. Contrariando a impossibilidade do amor ao próximo, quando esse é o Real, o indesejado, pode permanecer como uma utopia. Ama-se no instante em que se é empatizado, do modo como se pode, mas o amar atira-se na experiência de dar-se. Algumas vezes, isso vai funcionar; outras vezes, porém, antipatias e outros sentimentos de rejeição vão interpor-se.

As utopias são horizontes. Contemplamos e caminhamos em sua direção e o objeto sempre foge para adiante. Isso, contudo, não importa; o caminhar é a realização em pedacinhos, degraus em direção ao melhor que possamos fazer. Cristo é a personificação desse horizonte.

A contrapartida do ato de amor ao próximo é o reconhecimento. O aspecto positivo da relação desse amor desinteressado é a liberdade de quem ajuda. O bom samaritano vai cuidar de sua própria vida após haver socorrido a vítima.

De novo, o amor disponível em questão. Gérard Sévérin interpela Françoise Dolto: "Quer dizer, então, que somos eternamente devedores, dependentes, escravos, tenhamos a coragem de admitir, de quem nos foi útil". E ela replica:

> Não, nem escravos, nem dependentes, mas livremente amantes por gratidão. O modelo samaritano do evangelho deixa o outro livre. Ele se retira de nosso caminho e continua o seu. A dívida de amor, de reconhecimento que temos para o conhecido ou o desconhecido que nos ajudou, só podemos saldá-la fazendo o mesmo com o outro.[134]

De acordo com o modelo samaritano, você deve ignorar tanto a dívida como o reconhecimento. A pessoa é desinteressada na medida em que realizou um gesto generoso e dele não guarda a mais remota lembrança. Está feito. Foi dado sem custo, é de graça no sentido da *caris* – doação incondicional.

O homem de palavras vazias, aquele que foge das ações com palavras ocas do tipo "Vou orar por você", "Estou orando por você" ou "Vou pedir a Deus por você", esse é o tipo do sacerdote e do levita (ministro do clero).

Tudo que uma religião precisa para já nascer morta é ter burocratas. Como é possível burocratizar a espiritualidade, o amor e a gratidão? O homem ideal é o anônimo que socorre o angustiado sem nada exigir dele. Essa história vem de um tempo em que a sociedade era menos complexa e corria menos riscos. Sobre os nossos dias (século 21), tudo se tornou mais complexo e nós criamos leis e instituições de amparo e assistência ao próximo.

Hoje, o "próximo" – o samaritano de que fala a parábola – é um organismo, um sindicato, um partido ou uma ação religiosa, as associações comunitárias, a Anistia Internacional, os Médicos sem Fronteiras, os órgãos de assistência a refugiados e outros.

> Agora é mais difícil viver a "aventura" do samaritano: há a polícia para os bandidos, a ambulância para os feridos. Muitas instituições substituem o samaritano: médicos, psicólogos, advogados [...] tornando-me inútil, irresponsável pelo que acontece com o outro e... em mim. Não preciso mais cuidar dos necessitados da sociedade, existem pessoas que são pagas para isso.[135]

---

[134] *Idem.*
[135] *Ibidem*, p. 147.

> Mediante o "progresso" e o aumento da complexidade da vida social, como exercer a caridade para com o próximo, que, por razões óbvias, ficou mais distante? Para Dolto, as instituições de assistência social podem ter levado junto a experiência afetiva do cuidar do próximo.
>
> Mas é a emoção de compaixão que faz a comunicação interpsíquica entre os homens. De um lado, há a assistência ao corpo que requer competência e que é remunerada; de outro lado, há a emoção que a torna humana. Quando não há emoção, é porque o serviço se transformou em instituição, ou porque o encontro não foi único, insólito como na parábola, mas tornou-se um hábito, um "trabalho mecânico" ou uma "profissão" apenas, o que torna o assistido "um objeto". Não há mais relação humana.[136]

A questão histórica ou a-histórica do Jovem da Galileia não importa; importa que ele não ficava passivo diante da dor humana. "Ele nunca amou a dor", não era um sádico e contrariou o sistema religioso de seu tempo por mostrar-se sempre ao lado daqueles que sentiam dor. A pobreza mental dos doutores da lei – homens escravizados e engessados ao rigor da lei – convivia com a dor, como se comum fosse.

"Sempre haverá entre nós pobres" – uma frase como essa banaliza a miséria e a dor. No entanto, a passividade do sistema de crenças, que se sujeitava às frases do senso comum, irritava Jesus, que não descansava diante dos necessitados. Jesus é a máquina de guerra contra a dor; ele não derrama sangue, ao contrário, estanca as hemorragias, e não fere nada, nem ninguém, apenas o narcisismo dos fariseus.

> Dizem os evangelhos que ele curava a "todos". E não só os judeus, mas também os gentios, o que era uma blasfêmia, pois àqueles era vedado até mesmo sentar-se à mesa com quem não compartilhasse sua fé. Os gentios eram impuros e indignos de qualquer contato; que dirá de serem curados! Jesus passou por cima da lei e ajuda a todos.[137]

---

[136] *Ibidem*, p. 148-149.
[137] ARIAS, 2001, p. 207-208.

A personalidade psíquica de Cristo abominava dor, miséria e abandono. O sistema de crenças que denega as contradições pertence ao legalismo; a ética de Jesus de Nazaré, por sua vez, aponta para a felicidade e a justiça comum a todos. Um sistema ético não pressupõe pertencimento a qualquer seita religiosa. Basta ser um vivente para estar sob a consideração da justiça, que se destina a judeus, gregos e troianos. "As prostitutas passarão na frente de vós e entrarão no Reino de Deus", diz Jesus aos fariseus. "Eu não quero sacrifícios, mas, sim, misericórdia".

Muito raramente vemos Jesus agir asperamente com alguém; ele é sempre gentil no lidar com as mulheres, genuíno e amoroso com os doentes, paciente com os interlocutores mais duros e mal-intencionados, e compreensivo com a ignorância e a falta de fé dos discípulos. "Só foi duro com aqueles que despojavam os homens de suas pequenas felicidades, como aqueles que usavam Deus para oprimi-los com cargas insuportáveis e inúteis".[138]

Outro estilo de amar o próximo, além de dar dinheiro e tempo, é esse modo de lidar com a vida. Encorajar o próximo é "levantá-lo e fazê-lo andar, apropriar-se de suas forças e lutar por sua vida". Ter o desespero real é estar de pé com a vida. Permanecer passivo no desespero é permanecer sob o poder do outro, daquele que explora a condição do desesperado. Encorajar a viver uma vida potente é despertar os indivíduos para afirmar a vida em autonomia.

A tese de Kierkegaard sobre o desespero humano é uma estética, pressupõe criação de modo de vida, uma ética de autonomia, atribui responsabilidade pessoal e uma política de relação do eu com Deus. Se o desespero humano faz o humano submeter-se a promessas de alívio que levam à passividade, esses são modos de inventar a dor para vender o remédio.

A filosofia de Kierkegaard convida o desesperado a enfrentar o abismo do desespero sem paliativos, seguindo até o limite de lançar-se unicamente na fé. O "eu" desespera-se sem solução quando cai nas armadilhas dos subterfúgios do outro, porém a autonomia do indivíduo não se encontra na ausência do desespero, como prometem os remédios paliativos.

Para Kierkegaard, há enorme vantagem em ser um animal com consciência do desespero – a vantagem de poder se desesperar?

---

[138] *Ibidem*, p. 208.

> O desespero será uma vantagem ou uma imperfeição? Uma coisa e outra em pura dialética. Se considerarmos sua ideia abstrata, sem pensar num caso determinado, deveríamos julgá-lo uma enorme vantagem. Sofrer um mal destes coloca-nos acima do animal, progresso que nos distingue muito mais do que o caminhar em pé, sinal de nossa verticalidade infinita ou de nossa espiritualidade sublime.[139]

Tornar-se o que é tem no trajeto o desespero, mas é, ao mesmo tempo, o privilégio: tornar-te a ti mesmo. O desespero em tornar-se si mesmo é o existencial desespero, necessário e libertador. Não é a angústia da depressão ou das fobias atuais, é a pura existência, sem subterfúgios.

A miséria e a perdição consistem no desespero pelo desespero, uma roda de torturas que escraviza o indivíduo na teia do virtual. O virtual é o possível, não saltar do virtual ao real é a própria tortura do desespero. O real é o si mesmo, ser o que se quer ser. O verdadeiro desespero põe o desesperado em estado virtual e abre possibilidades ao real. Daí, "não se desesperar equivale à absurda ausência de desespero".[140]

André Comte-Sponville, em *Bom dia, angústia*, aborda o que Kierkegaard diz do desespero humano. Não é um sintoma depressivo e, sim, uma condição humana. "O progresso, nesse caso, será o desespero. Não estar desesperado deve significar a destruição da possibilidade".[141] A doença que Jesus curava nessas pessoas era a falsa sensação de se estar sem desespero, cada qual com sua doença na esperança do futuro – com base nas promessas dos doutores da lei.

Os sistemas de poder mantêm os sujeitos assujeitados, submissos, impondo-lhes tristeza para poder mantê-los dominados. Alimentam as falsas crenças num futuro que nunca chega. A doença é o desespero, mas o progresso também é o desespero. O paradoxo do existencialismo é a chave da compreensão do salto da fé.

---

[139] KIERKEGAARD, Søren. *O desespero humano*. Tradução de Adolfo Casais Monteiro. São Paulo: Editora Unesp, 2010, p. 27.
[140] *Idem*.
[141] *Idem*.

O progresso é um salto de um nível de desespero a outro, de uma paralisação a um progresso, do "eu" que se pendura no outro ao si mesmo. Por isso, tantas vezes Jesus pergunta ao desesperado: "O que queres?". As respostas são sempre um ato de singularidade: "Quero enxergar"; "Quero andar"; "Quero me curar".

A cura e a restauração, contudo, não implicam a entrada no paraíso sem desespero, mas, sim, a entrada no mundo real. "Claro que ele não era ingênuo e sabia que o homem dificilmente poderá livrar-se da dor. Era um bom conhecedor da psicologia humana e sabia que, não só as dores externas, mas também as internas, perseguirão o homem até a sepultura".[142]

---

[142] ARIAS, 2001, p. 209.

13
O JUIZ INÍQUO

Então Jesus contou aos seus discípulos uma parábola para mostrar-lhes que eles deviam orar sempre e nunca desanimar. Ele disse: "Em certa cidade havia um juiz que não temia a Deus nem se importava com os homens. E havia naquela cidade uma viúva que se dirigia continuamente a ele, suplicando-lhe: "Faze-me justiça contra o meu adversário". Por algum tempo ele se recusou. Mas finalmente disse a si mesmo: "Embora eu não tema a Deus e nem me importe com os homens, esta viúva está me aborrecendo; vou fazer-lhe justiça para que ela não venha mais me importunar".

(Lucas 18.1-8)

A lei está representada na simbologia de Javé (Deus), considerado o criador das leis necessárias – da natureza e das contingências humanas. As tábuas das leis, os Dez Mandamentos, sintetizam, de forma abrangente, os cuidados relativos à vida social, à vida religiosa e à existência.

O Tribunal de Justiça do Rio de Janeiro tem em sua calçada, ao lado do prédio, três monumentos erigidos à Justiça. Para representar a Justiça, o artista, que é um desembargador, marcou a diferença entre lei e justiça.

Para Deocleciano Martins, os códigos penais têm inspiração cristã. O cetro na mão direita de Cristo é o símbolo do poder para fazer justiça nas três esferas: os mundos físico, moral e espiritual. O dedo indicador corresponde ao campo da consciência moral. E, por fim, a equidade é simbolizada por uma mulher – aquela que gera a vida em seu próprio corpo. Assim, a figura materna aparece para pedir misericórdia, uma das características da justiça divina. Nessa obra, o autor simboliza a figura da testemunha, enaltecendo seu papel de colaboradora da justiça. A unificação dos elementos seria a possibilidade de uma justiça justa.[143]

13.1 DE VOLTA AO TEXTO

Jesus está contando mais uma parábola ou isso realmente ocorreu? Se não é uma história real, seria muita coincidência o fato de que esse tipo de comarca já existisse naquele tempo. Sem dúvida, evoluímos muito em termos de justiça. O que temos, em síntese, nos citados monumentos à justiça, reúne quanto evoluímos: desde a oitiva de testemunhas até o direito a recorrer (com a existência de uma instância revisora) e a contar com a presença de um defensor público (quando não se dispõe de recursos financeiros), além da criação dos conselhos de magistratura e das corregedorias. Sem dúvida, o direito a ser ouvido e os controles voltados a salvaguardar os direitos individuais garantidos na Constituição são provas de que a civilização atingiu grandes conquistas nessa área.

---

[143] A fonte do texto completo está em: "Estátuas do Tribunal de Justiça são restauradas", *Jusbrasil*. Acesso em: 20 out. 2023.

Mas voltemos à parábola do juiz iníquo. Aquele tribunal a serviço de uma elite era, com algumas semelhanças, o que Franz Kafka descreve em *O processo*. Por oportuno, retorno aos comentários de Ellen White, com seu estilo refinado e de rara percepção crítica. Diz ela:

> O juiz que nos é descrito não tinha respeito pelo direito, nem piedade em relação pelos sofredores. A viúva que lhe apresentou sua causa com insistência foi repelida pertinazmente. Repetidas vezes a ele apelara, porém só para ser tratada com desprezo e expulsa do tribunal. O juiz sabia que a causa era justa, e poderia havê-la auxiliado imediatamente, mas não o quis.[144]

Na parábola, a insistência da pobre mulher, sem contar com a mediação de um advogado, é uma pequena amostra da justiça submetida aos homens de paixões, aquilo que Platão fez como o fundo da figura de sua dialética – um mundo sensível não faz a justa justiça. Os homens da justiça são sujeitos de paixões e interesses pessoais. Como, então, praticar uma justiça justa sendo, eles mesmos, sujeitos e objetos de desejo? Mesmo que sejam sujeitos de deveres, ainda assim é o desejo que submete o dever.

Não é apenas Platão (ou a filosofia) que põe em questão o tema da justiça injusta. Jesus Cristo faz a mesma crítica ao Estado que arroga para si o direito de sentenciar alguns e privilegiar outros que lhe convêm. Ao seu modo irônico, Franz Kafka é mais um dessa imensa galeria dos que denunciam as particularidades do Judiciário. Na parábola em questão – que se confunde com a realidade –, a justiça só foi feita porque a injustiçada tornou-se um estorvo na vida do magistrado.

---

[144] WHITE, (1964), p. 164.

13.2 O JUIZADO NA PERSPECTIVA DA LITERATURA: UMA PAUSA NO TEXTO

Deixemos o juiz injusto suspenso por um tempo. Aparentemente, vou distanciar-me do tema, mas é minha estratégia mostrar a mesma coisa sob outra perspectiva.

Será que ninguém nunca se deu conta de que a vida, quando se encontra encurralada, inventa, ela mesma, saídas sutis? Na arte e na literatura, do barroco ao surrealismo, é sempre de uma saída para a vida que se trata. Seja na casa com a família, seja na igreja com suas múltiplas regras, seja na sociedade em geral. Abrir caminhos, desenhar mapas, criar linhas alternativas, esses sempre foram os princípios de sobrevivência à tirania contra a vida.

Vejamos a literatura de Kafka como a saída ao intolerável do próprio autor, em *O processo*, *O castelo* e *A metamorfose*. Deixando a parábola do juiz iníquo por um tempo, remetemos a Kafka. A justiça justa é sempre um problema quando o juiz que julga é uma alma subjetiva. Um homem é sempre resultado de sua demarcação subjetiva, que inclui seus desejos, suas vaidades e suas ambições.

Por meio da literatura, Kafka mostra aquilo que Deleuze/Guattari dizem quanto à segmentação: o fato de sermos "segmentados por todos os lados e em todas as direções". O isolamento e a culpa de seus personagens dizem o tempo todo: "O homem é um animal segmentado".[145] Mostra que a autoridade tomada como padrão subjuga qualquer discurso, condenando todos à clandestinidade e esmagando qualquer produção de enunciado. Por outro lado, sua obra afronta o poder quando o expõe em seu funcionamento.

Em *O processo*, Joseph K vê-se apelando a uma autoridade suprema, de onde produz o próprio discurso de defesa e que não permite recurso algum. Algo semelhante ocorre quanto à autoridade do pai, que, sendo ele mesmo o que autoriza a fala, controla os fluxos e os recursos de apelação dentro da família.

É o pai que dá o nome, concede a fala e, consequentemente, o *fálus*. É a autoridade do pai que subjuga e distribui os papéis de defesa e apelação. O pai dá o veredicto. "Em lugar do nome da história, o nome do pai: aquele que é a lei, a primeira experiência de justiça, aquele que, ao dizer não, interrompe qualquer fluxo, barra qualquer fuga, dá estabilidade".[146]

---

[145] DELEUZE, GUATARRI, *Mille Plateaux*, p. 254. Na edição brasileira, o tema se encontra nos volumes de 1 à 5 de *Mil Platôs* e em *O Anti-Édipo*. Trata-se de uma micropolítica. Toda obra está publicada pela Editora 34,

[146] RAGO, Margareth; VEIGA-NETO, Alfredo. *Imagens de Foucault e Deleuze*: ressonâncias nietzschianas. São Paulo: DP&A, 2002, p. 113.

É da autoridade do pai que vem o significado da vida do filho. Para Deleuze, o pai deveria ter a função de entrada no mundo; apenas a entrada como o meio para que o filho atinja seus próprios fins. Mas o Estado confere ao pai autoridade e funções que não são suas. Kafka demonstra o abalo dessa realidade quando amplia a autoridade paterna à dimensão do *mapa-múndi*. A história em seu fluxo louco desterritorializa esse lugar privilegiado de identidade fixa que era o nome do pai.

A paranoia da sociedade burguesa – antes no anonimato, agora capitalista – faz esses nomes perderem-se como polo referencial das identidades masculinas. Ao ampliar a figura do pai na proporção-mundo, Kafka prenuncia que outras instâncias passam a ter importância central na produção e na distribuição de sentido e nos modelos para a produção de uma subjetividade masculina. Conforme diz Roudinesco, a antiga família encontra-se em desordem.[147] O Estado, a empresa, a instituição pública e os aparelhos de mídia passaram a desempenhar esse papel central desde que a economia política e as leis de mercado submeteram e subverteram a família, ou seja, a família vive um processo de desfamiliarização. O pai ficou pequeno e não percebeu. A autoridade do pai sai do espaço familiar/privado e pulveriza-se nos espaços públicos.

A segmentação começava em casa, com a produção de uma subjetividade edipiana: "Habitar, circular, trabalhar, brincar: o vivido é espacial e socialmente segmentado. A casa é segmentada conforme a destinação de seus cômodos; as ruas, conforme a ordem da cidade; a fábrica, conforme a natureza dos trabalhos e das operações".[148]

Foucault "já havia percebido que a sociedade fragmenta os processos de subjetivação em espaços parciais: do espaço em família ao espaço do exército", de modo que você não está mais naquele espaço, está neste: "Você já não está mais na escola... Os diferentes segmentos remetem a diferentes indivíduos ou grupos, ora é o mesmo indivíduo ou o mesmo grupo que passa de um segmento a outro".[149] As portas da casa, assim como as portas da Justiça e da Igreja, confundem-se propositalmente em Kafka, e todas vão dar no mesmo lugar.

Deleuze/Guattari dizem de outra maneira: "O sistema político moderno é um todo global, unificado e unificante, mas porque implica

---

[147] ROUDINESCO, E. *A família em desordem*. Rio de Janeiro: Jorge Zahar Editor, 2003.
[148] DELEUZE, GUATTARI, *Mille Plateaux*, p. 255.
[149] *Ibidem*, p. 254.

um conjunto de subsistemas justapostos, imbricados, ordenados, de modo que a análise das decisões revela toda espécie de compartimentações e de processos parciais [...]".[150]

Toda ordem de fragmentação esconde um segredo sujo que visa ao enfraquecimento. Na Igreja, por exemplo, valem-se das fases de desenvolvimento psicológico, uma fantástica máquina de catequese: departamento infantil, departamento juvenil, de adolescência, maturidade, seguindo ao infinito até o pós-morte. Depois de tudo, o Juízo de Deus aguarda-nos.

A escola, por sua vez, está toda fundada em uma taxionomia que se enraíza na árvore do conhecimento. Os tribunais, com suas instâncias e entrâncias, seus departamentos e subdepartamentos. Não é diferente nas fábricas e nas repartições. Uma máquina paranoica de apossamento do mundo, do "eu" e da libido, uma obra monumental, a mais extravagante e de maior sucesso, a interiorização da lei que faz do homem um culpado de dívidas infinitas. Os "segmentos parciais" territorializam e, simultaneamente, desterritorializam. Tal movimento lança os indivíduos na dúvida relativa ao pertencimento a um lugar e em outra dúvida, sobre a competência de exercer seu ofício.

Uma vida marcada por processos sem fim gera a falsa promessa teológica do galardão final. Consequentemente, a autoacumulação de culpa de uma consciência que anda em círculos – o que Günter Anders denomina de "carrossel de suplícios". Como diz Anders, "quem não sabe a que lugar pertence também não sabe com quem tem obrigações".[151] O que leva o homem à "fome moral (ou seja, à necessidade que ele tem de um espaço limitado de seus deveres)"[152] faz dele um buscador de segurança condizente com seus traços.

Fatalmente, busca-se um rebanho guiado por um pastor que dê orientações sobre o caminho a ser seguido. São as condições que definem os traços identitários do processo de subjetivação, suas cristalizações inconscientes e sua cultura, construída sobre uma trama de relações com o outro que já não é mais exclusivamente o nome do pai, mas o trabalho ao qual o sujeito submete-se, a religiosidade, a educação que o determina como trabalhador da repartição, a família etc. De forma ampla, tudo o que envolve o ambiente em que vive, as tecnologias com as quais convive, seu cotidiano, suas preferências.

---

[150] *Idem.*
[151] ANDERS, G. *Kafka: pró e contra.* 2 ed. São Paulo: Cosac e Naify, 2007, p. 19.
[152] Idem.

Estamos em um plano político, mais propriamente em uma micropolítica do desejo. Entramos em Kafka pela porta de Deleuze/Guattari. Por essas lentes, vemos os personagens de Kafka incomunicáveis em seu isolamento e culpados por não sei o quê. A consciência insegura da competência de seus deveres chega, por meio da insegurança, a um pânico de consciência que se acumula automaticamente e, por fim, precisa convencer o atormentado de que, de alguma forma, ele deve ter pecado.[153]

Tanto na realidade familiar como no mundo do trabalho, é o desejo que se encontra submetido e comunica sua submissão na culpa e no castigo, temas recorrentes em Kafka: culpa, isolamento e incomunicabilidade. A culpa é o comércio da neurose, que leva o culpado à submissão e à vergonha.

Em *O processo*, o homem não sabe a quem pertence nem a quem deve obrigações. O sentimento de culpa traduz-se por uma estranha desconfiança de sentir-se devedor. Os personagens de Kafka sofrem desse martírio moral. Em seu realismo, Kafka não nega esse mundo, mas o afirma. Ele registra a miséria de maneira tal que a "salvação" possa ser operada via obra de arte – nesse caso, literária.

No *Anti-Édipo*, assim como em Kafka, trata-se de uma operação sobre o desejo. Se o homem teve vergonha do próprio desejo é porque existe dentro dele um sistema de juízo que o acusa. Em Kafka, todos os acusados já são condenados. A máquina judiciária tem muitas portas, mas todas dão na condenação. A respeito dessa condição, Modesto Carone apresenta-nos *Pequena fábula de Kafka*, em que um rato é o personagem:

> "Ah", disse o rato, "o mundo torna-se cada dia mais estreito. A princípio, era tão vasto que me dava medo, eu continuava correndo e me sentia feliz com o fato de que finalmente via a distância, à direita e à esquerda, as paredes, mas essas longas paredes convergem tão depressa umas para as outras que já estou no último quarto e lá no canto fica a ratoeira para a qual eu corro". "Você só precisa mudar de direção, disse o gato, e devorou-o".[154]

---

[153] Idem.
[154] *Essencial Franz Kafka*. Tradução, seleção e comentários de Modesto Carone. São Paulo: Pinguim (Companhia das Letras) *2011*, p. 34.

A imagem do rato remete a uma vida de fuga em virtude do medo de seus predadores. Por isso, ele escava infindas bifurcações. No processo, a palavra de defesa vê-se perdida e capturada em sua própria trama.

No caso do desejo já envergonhado, não pode impedir a ação dos fantasmas, não pode garantir sua excomunhão, pois a forte consciência do homem ressentido antecipa-se às pretensões do apossamento cognitivo (do mundo). Nesse caso, o desejo já se encontra inscrito em uma palavra, em uma lei qualquer que funciona como significante, e daí em diante o desejo já se envergonha de ser revolucionário. Qual é a saída? Por meio da literatura, Kafka cria uma saída sutil por uma porta estratégica, constituída por ele mesmo. Seria necessário encontrar o desejo lá onde ele desmensura as palavras.

É um movimento de genialidade usar a própria realidade para afrontá-la. Ainda estamos no plano do desejo. Sabemos que as grandes estruturas são um investimento de desejo em um estado despótico. A família e as grandes formações, a língua oficial, a literatura dita maior, tudo isso se compõe de níveis diferentes de agenciamento do desejo. Porém, há um momento anterior em que o desejo encontra-se em seu estado revolucionário – nesse momento, o desejo opera com semipalavras, nos termos de Deleuze/Guattari, em uma língua menor. Há uma intensidade por trás dessa língua, por dentro dessa literatura. É o desejo em seu estado puro que circula nas imagens não humanas. É o desejo que, como real, é incognoscível, contudo motiva a cognição; é inapreensível, mas proporciona a objetivação.

Trata-se de uma linha de fuga, longe da determinação do outro que definiu o conjunto de efeitos da fala que o faz ser. Graças ao dom da palavra, mas afetado pelo estado de coisas, o escritor é levado pela vertigem a reinventar-se em um outro do Outro, revertendo a máxima. Ou seja, não fugir do mundo pela porta dos fundos e, sim, abrir inúmeras bifurcações para entrar no mundo – essa é a operação n-1 do rizoma.

Fazer o múltiplo sem acrescentar uma dimensão superior; ao "contrário, de maneira simples, com força de sobriedade, no nível das dimensões de que dispomos, sempre n-1. Um sistema assim poderia ser chamado de rizoma".[155] Entrar no mundo é o mesmo que sair para o mundo. A entrada é uma, mas as saídas são múltiplas, desde que sejam criadas: escavar uma toca que prolifere saídas para fora e dispor-se a encontrar nos labirintos do inconsciente sua própria sentença com amplos direitos de defesa.

---

[155] DELEUZE; GUATTARI, *Mille Plateaux*, p. 13. Na Edição brasileira o tema se encontra em *Mil Platôs*, volume 1. Editora: 34, 1996.

À sua maneira, Kafka, ao protagonizar a condenação de tantos de seus personagens, impede, ao mesmo tempo, que um Outro defina sua própria sentença. Não é mais um significante despótico que determina sua escritura, são os *afectos*, o devir-animal e o devir-criança. Ainda é o desejo que trai as autoridades. De maneira derrisória, o escritor *tcheco* mostra a corrupção e a debilidade do poder. Não é mais o desejo que se remete a um sujeito ou que se destina a um objeto, mas aquele que se encontra em todos os objetos – no caso, nos personagens, nos sons e nos animais.

Ao constatar que o homem é como "coisa" entre coisas segmentadas por todos os lados e descrevendo-o como animal, Kafka afirma o desejo como o elemento que precipita a produção de sentido, mas que, sob o olhar apressado, não teria sentido algum. Se esse estado de coisificação resulta da ação do desejo fascista, o investimento do desejo revolucionário, por outro lado, revela-se na arte de dizer essas coisas a ponto de provocar risos. Ou seja, fazer literatura e produção desejante são efeitos de um agenciamento maquínico.

São três categorias solidárias: desejo, literatura e política. Se o desejo é encarnado na literatura de Kafka – e, por ser revolucionário, a tarefa consiste em encontrar tal revolução –, qual é sua máquina de guerra? A máquina de Kafka é seu método e consiste em descrever friamente sua constatação. Como diz Anders:

> Kafka desloca a aparência aparentemente normal do nosso mundo louco para tornar visível sua loucura. Manipula, contudo, essa aparência louca como algo muito normal e, com isso, descreve até mesmo o fato louco de que o mundo louco seja considerado normal.[156]

O humor e o realismo representam um método, uma máquina de guerra. Kafka está nos dizendo que diante do intolerável que não se pode enfrentar – já que ele está também dentro de nós mesmos –, ainda resta alguma coisa que o poder não consegue controlar. Tal procedimento que o poder igualmente não consegue controlar é a possibilidade de falar de si mesmo, como ele é, sem precisar acrescentar nada além de uma saborosa dose de ironia e humor.

---

[156] ANDERS, 2007, p. 15.

Sobre a autoridade paterna que se expande ao nível do *mapa-múndi*, embora se possa falar de edipianização ao extremo, é o realismo crítico carregado de humor que está em questão. Não se trata de um sonho inconsciente; Kafka sonha acordado. Se alguém falar de sonho em Kafka, é preciso levar em consideração que são sonhos sem sono, sonhos de uma extrema nitidez que o impedem de dormir.

Portanto, não se trata do mesmo conteúdo de edipianização ampliada que Deleuze/Guattari denunciam nas estruturas sociais em *Anti-Édipo*. Kafka segue outra linha: ele não enfrenta, mas afronta. E essa afronta consiste na ampliação da autoridade paterna ao extremo do mundo para que ela mesma confunda-se em seu seio de contradições. Temos, assim, as peças das máquinas desejantes que se articulam com as máquinas burocráticas das repartições, da justiça e da autoridade paterna que se burocratizam.

Como demonstra Guattari, assim como as máquinas tecnológicas são consideradas dentro de um *phylum* maquínico, as máquinas burocráticas também contam com máquinas que as precedem e outras que as sucedem. "Elas seguem por gerações – como as gerações de automóveis –, cada qual abrindo a virtualidade de outras máquinas que virão. Elas incitam, por esse ou aquele elemento, uma junção com todas as filiações maquínicas do futuro".[157]

Há sempre um *phylum* maquínico ligando as máquinas em suas extremidades. O que Kafka consegue mostrar passa pelo real emperramento das máquinas sociais. Uma contradição estranha arrasta a megamáquina burocrática. A revolucionária operação do desejo encontra-se desarranjando a máquina social e burocrática.

Kafka usa as grandes estruturas macropolíticas (*O processo*, *O castelo*) e as relações familiares (*Carta ao pai* e *A metamorfose*) simplesmente para dizer: "É assim que isso me parece". Os personagens surgem social e etnicamente excluídos do mundo, perdem-se na condição de sujeitos de deveres. Tal condição cria neles uma má consciência, portanto, ao sentirem-se devedores, não reivindicam seus direitos. Uma vez que não têm direitos, não devem estar certos de coisa alguma. E "o fato de não estar certo aumenta a culpa, que faz da autocomiseração um tormento moral, tormento moral que o coloca fora do mundo", eis a roda de suplício do homem.[158] Os persona-

---

[157] GUATTARI, Félix. *A paixão das máquinas*. O reencantamento do concreto. *Cadernos de Subjetividade*. São Paulo: Hucitec/Educ, 2003, p. 42.
[158] ANDERS, 2007, p. 39-40.

gens de Kafka tentam escapar desse "suplício funesto", mas é o autor quem salva a si mesmo.

Em *A metamorfose*, Kafka lança-nos em um universo de precipitações, no qual "o eu não passa de personagens cujos gestos e emoções estão dessubjetivados...".[159] É que Kafka está tomado por *afecto*, "pois o *afecto* não é um sentimento pessoal, tampouco uma característica; ele é a efetuação de uma potência de matilha, que subleva e faz vacilar o eu".[160] Eis o que apavora: o indizível, a começar pelo inseto, que, segundo a percepção de Modesto Carone, "provoca no leitor um efeito de estranhamento manifestado pelo arrepio ou pelo riso amarelo".[161]

A fuga em uma forma animal pode ser do personagem, mas o devir-animal é do autor, que se coloca no lugar do narrador, experimentando a intensidade da passagem homem-animal. A metamorfose é vista como uma deformação da identidade de filho e membro de uma família, o que, ao mesmo tempo, dissolve uma identidade que aparece visível em uma menção "textual ao estado atual de Gregor".[162] Esse lugar escapa à edipianização. Não se edipianiza um inseto. Só se pode dizer "meu" em relação a um cãozinho, a um gatinho mimado. A família passa a organizar-se para viver com um inseto que "é empurrado para o isolamento e a solidão", para, finalmente, entrar em exclusão.[163]

A comunicação da família exclui Gregor e todos passam a referir-se a ele com sentidos indefinidos do tipo aquela "coisa". A irmã de Gregor, dirigindo-se ao pai, fala da infelicidade da família: "Você precisa livrar-se da ideia de que 'isso' seja Gregor". O uso do pronome na terceira pessoa do singular – "ele" – é substituído pelo indefinido "isso". É a necessidade de relacionar-se com "isso", pois a família é arrastada por uma desterritorialização; o "isso" é sombrio, é um anômalo dentro de casa. Curiosamente, tem o mesmo significado e sentido do inconsciente, de máquina desejante,[164] o "isso" que se liga a uma máquina literária.

---

[159] DELEUZE, Gilles; GUATTARI, Félix. *Mille Plateaux* Capitalisme et schizophrénie 2. Paris: Les Éditions De Minuit, 1980, p. 436.

[160] *Ibidem*, p. 293 (Grifo do autor).

[161] ESSENCIAL Franz Kafka. Tradução, seleção e comentários de Modesto Carone. São Paulo: Pinguim (Companhia das Letras), 2011. p. 19.

[162] *Ibidem*, p. 20.

[163] *Idem*.

[164] DELEUZE, Gilles e GUATTARI, Félix. *L'anti-oedipe capitalisme et schizophrénie*. Paris: Les Éditions de Minuit, 1972, p. 7.

Carone ressalta um fato intrigante que se passa na novela: Gregor transforma-se em um animal na aparência – tem um casco nas costas, perninhas e uma barriga amarela –, mas, por dentro, Gregor pensa e sente como um menino, como ele mesmo. "O relato objetivo comprova que a consciência do metamorfoseado continua sendo humana, inteiramente apta a captar e compreender o que se passa no meio ambiente", mas, por outro lado, ninguém na família pode imaginar que isso esteja se passando. Ou seja, na metamorfose, Kafka mostra o encontro de uma dupla intensidade de dois reinos, o devir-animal. Nesse sentido, Kafka é um experimentador que, por meio de seus personagens, vivencia toda espécie de devires.

A arma literária expande Édipo propositalmente para denunciar "seu uso perverso e paranoico" – nesse caso, já existe uma subversão da ordem. Nas bifurcações do *Covil*, em suas estreitas passagens e distribuição de víveres, já existe "toda uma micropolítica do desejo, dos impasses e das saídas, das submissões e das retificações".[165] Ampliar Édipo até o nível exagerado do absurdo é, ao mesmo tempo, desmesurá-lo na comédia. De maneira singular, Kafka está dizendo que embriagar-se nos personagens da literatura é a grande escapada. O riso, esse é um método de afrontar as organizações que menosprezam os que delas mais necessitam.

13.3 O JUIZ INÍQUO – A PERSISTÊNCIA DA VONTADE

O recuo na literatura serviu para dizer o que há de comum no homem de todos os tempos, sobretudo, no homem de poder.

O traço que marca esse humano é a mesma coisa que "fascina e humilha" desde sempre: o desejo pelo poder. O juiz reflete o caráter patriarcal da sociedade de seu tempo; os homens têm a fala e o falo. A edipianização da sociedade é antiga – o juiz é o supereu da sociedade, aquele que autoriza a fala e castra ou dá o falo.

O comentário feito, baseado em Kafka, teve a intenção de mostrar o que funda a subjetividade de todos nós. O poder masculino que define e distribui os papéis. O modelo patriarcal é sedentário e as demandas da

---

[165] DELEUZE, Gilles; GUATTARI, Félix. *Kafka*: para uma literatura menor. Tradução de Rafael Godinho. Lisboa: Assírio & Alvim, 2002, p. 30.

sociedade são dinâmicas. No prefácio da edição americana do *Anti-Édipo*, Michel Foucault adverte: "Não se apaixonem pelo poder, essa coisa que nos fascina e nos humilha, o desejo pelo poder".[166]

A parábola tem, na verticalidade, por um lado, o juiz que não temia Deus algum, que usava suas prerrogativas de magistrado em benefício de alguns; e, de outro, uma mulher sem defesa, dependente da decisão do magistrado. O sentimento dela é de impotência.

Moisés havia deixado instruções claras quanto à proteção das mulheres viúvas em Deuteronômio 27.19: "Maldito aquele que perverter o direito da viúva". Porém, "a mulher que rogava ao juiz justiça, perdera o marido; pobre e sem amigos, não tinha meios para readquirir suas propriedades arruinadas".[167] É fato que a lei mosaica devia ser lida em público e o juiz estava submetido a ela, mas o magistrado mostrava-se arrogante e prepotente. E o que o fez atender ao clamor da mulher foi a persistência.

Naquele tempo não havia a representação legal na justiça gratuita como em nossos dias. O juiz era importunado e a mulher pobre voltava sempre. Certamente, a situação era de vexame para o magistrado. "O injusto juiz não tinha interesse particular na viúva, que o importunava pelo veredicto; porém, para subtrair-se a suas súplicas comoventes, ouviu a petição, e fez-lhe justiça contra o adversário".[168] Aqui, reaparece o tema da unidade, dos atos humanos e da fé no celestial. É Jesus quem encerra a parábola: "Se até esse juiz que não teme a Deus atendeu essa pobre mulher, muito mais o Pai". Ele diz da prática da oração como meio de alcançar o infinito e as causas humanamente impossíveis.

O método ainda é o mesmo adotado pela criança: o de não desistir nunca, nesse caso, contra a máquina jurídica, que tem o Estado a seu favor. O que a pobre viúva tinha em favor próprio? Apenas a si mesma – uma presença insistente e incômoda contra o poder de um juiz. A vontade da repetição que retorna infinitamente. Como diria Nietzsche a respeito do desejo: se desejas, deseja de tal modo que teu desejo retorne infinitamente.

---

[166] Foucault, Michel - *Não se apaixonem pelo poder* • Razão Inadequada (razaoinadequada.com). Acesso: 14/12/2023.

[167] WHITE, Ellen. Livro - Parábolas de Jesus | Ellen G. White Books (cpb.com.br), p. 165. Acesso: 04/12/2023.

[168] *Ibidem*, p. 166. Livro - *Parábolas de Jesus* | Ellen G. White Books (cpb.com.br), p. 166. Acesso: 14/12/2023.

Não há poder que subsista ao retorno da vontade – o eterno retorno da força de vontade.

No contexto da parábola, o foco é a oração incessante, o que tomamos como vontade de querer. Ela venceu a arrogância e a prepotência do magistrado por nunca desistir. No plano humano, é essa força que desconhecemos em nós – a de nunca desistir –, a força capaz de demolir a indiferença do tirano.

CONCLUSÃO

Na história da filosofia e da religião há pelo menos dois personagens que preconizam o nascimento de um tipo de homem que ainda virá, duas grandes utopias a serem perseguidas: Frederick Nietzsche e Jesus Cristo. Figuras antípodas, mas de sonhos aproximados.

O super-homem apregoado por Nietzsche é o homem que ainda não está aí. Esse homem mesquinho, egoico e miseravelmente cruel não é o além-homem. Aquele homem que não lamenta seu destino e não se ressente de sua condição é o tipo psicológico que ainda virá. Esse homem ainda não se encontra no mundo, o homem potente que afirma a vida em sua própria condição de existir, com ou sem as dores do mundo.

A grande utopia do Cristo é de um mundo sem violência. Alguns homens na história, isoladamente – Mohandas Karamchand Gandhi, Martin Luther King, Nelson Mandela e o próprio Cristo –, são vozes solitárias num deserto de violência, e muitos deles pagaram com a própria vida na luta pela paz.

> Comentamos provavelmente que Jesus não se dirigiu a esta geração de seres humanos, mas a uma nova, fundada em outros modelos. Nesta nova humanidade, que não sabemos quando e se chegará, mas que ele vislumbrou, especialmente nas atitudes solitárias com os mais pobres, a passagem da era dos sacrifícios à do amor supõe um abismo.[169]

O Além-homem de Nietzsche, o homem da maturidade de Emanuel Kant ou o amante da humanidade desejado por Cristo, todos são as grandes utopias que devemos continuar buscando. Assim como Diógenes procurou um homem digno em seu tempo, com sua lanterna buscava a luz do meio-dia e não o encontrou. Platão idealizou a *República* ideal, que ainda não se realizou; Santo Agostinho descreveu a Cidade de Deus, que ainda não está aí;

---

[169] ARIAS, 2012, p. 55.

Gandhi lutou sem armas por uma Índia com menos desigualdades; Nelson Mandela dedicou toda a vida a derrubar um regime injusto em seu país.

Muitos foram os homens e as mulheres de boa-fé. Todos eram imperfeitos, mas idealizaram um sonho, um tipo ideal de pessoa que se multiplicasse em forma de uma sociedade de comuns. Esses seres iluminados estão por aí Mohandas Karamchand Gandhi algumas vezes no anonimato, outras vezes praticando atos de honra e compaixão, como Oskar Schindler (1908-1974), um industrial alemão que salvou da morte 1.200 judeus durante o Holocausto.

O fato é que, se no mundo existiram, como ainda existem, seres humanos abomináveis e cruéis, também existiram e existem anjos em forma de pessoas. Esses são os que seguem grandes sonhos – lembrando que o significado de sonhos tem o mesmo valor que utopia, embora seja de algo ainda não existente, é também um imperativo de um mundo melhor. São as ações de pessoas como as aqui citadas que tornaram – e ainda tornam – a humanidade mais humana, assim como diz Gabriela Mistral, Nobel de literatura chilena: "A humanidade precisa se humanizar".

Não era minha intenção tratar de religião nem avaliar moralmente a prática religiosa. Não desejo reforçar velhas crenças. A questão consiste em abrir-se às possibilidades de pensar o mundo a partir do que já se tem, de pensar o mundo que se perdeu com os instrumentos dos quais dispomos. E esses meios são suficientes. Basta usá-los bem, aplicando-os aos fins para os quais foram criados e pensados.

Acreditar no mundo que temos não depende exatamente de ser uma pessoa religiosa, mas das condições que se encontram nas religiões, na filosofia, na ciência ou no saber do senso comum, de pessoas comuns. A sabedoria não tem credos; a sabedoria é uma relação com a vida. Somos sábios não por sabermos coisas e livros, mas porque nos abrimos para a vida, que, a cada instante de tempo, ensina-nos a viver. Talvez seja redundante dizer isso, mas é vivendo que aprendemos sobre a vida. Ela mesma é incomensurável, desmedida, incognoscível, inapreensível e intangível. Mas os viventes são tangíveis, mensuráveis, cognoscíveis, e o "eu" e o outro são apreendidos um no outro.

Nesse entrelaçamento complexo é que se deram os belos encontros que aqui tentei descrever. Que esses afetos de alegria afete-nos, de modo a aumentar nossa crença no mundo, neste mundo que temos, neste mesmo mundo no qual lançamos a semente que brota e alimenta-nos.

REFERÊNCIAS

À ESPERA de um milagre. [THE GREEN Mile]. Estados Unidos: Darkwoods Productions, 1999.

ALVES, Rubens. *Do universo à jabuticaba*. São Paulo: Planeta do Brasil, 2010.

ALVES, Rubens. *Religião e repressão*. Curitiba: Loyola, 2010.

ANDERS, Günter. *Kafka*: pró e contra. 2. ed. Tradução de Modesto Carone. São Paulo: Cosac & Naify, 2007.

ARIAS, Juan. Jesus. *Esse grande desconhecido*. Tradução de Rúbia Prates Goldoni. Rio de Janeiro: Objetiva, 2001.

ARIAS, Juan. *El País*, 16 dez. 2017. O filme sobre Jesus de Pasolini que odiava o Vaticano (Juan Arias) | Metrópoles (metropoles.com) Ricardo Noblat. Atualizado 25/12/2021. Acesso em: 12 dez. 2023

BARUCH, de Espinosa. *Ética*: da origem e da natureza dos afectos. Lisboa: Relógio D'Água, 2020.

BAUMAN, Zygmund; TIM, May. *Aprendendo a pensar com a sociologia*. Tradução de Alexandre Werneck. Rio de Janeiro: Jorge Zahar, 2010.

BEY, Hakim. *Caos*: terrorismo poético & outros crimes exemplares. Tradução de Patrícia Decia e Renato Resende. São Paulo: Conrad Livros, 2003.

BÍBLIA de Referência Thompson. São Paulo: Vida, 1996.

BROWN, Brené. *A coragem de ser imperfeito*. Tradução de Joel Macedo. Rio de Janeiro: Sextante, 2012.

CALDWELL, Taylor. *Médico de homens e de almas*: a história de São Lucas, 79ª ed. Tradução de Aydano Arruda. Rio de Janeiro: Record, 2023.

CANETTI, Elias. *Massa e poder*. Tradução de Sérgio Tellaroli. São Paulo: Companhia das Letras, 2005. [1995].

ESSENCIAL Franz Kafka. Tradução, seleção e comentários de Modesto Carone. São Paulo: Pinguim (Companhia das Letras), 2011.

COSTA, Oliveira André. *Estilos da Clínica*, São Paulo, v. 19, n. 3, dez. 2014. Disponível em: http://dx.doi.org/10.11606/issn.1981-1624.v19i3p499-514. Acesso em: 31 out. 2023.

DAMÁSIO, Antônio. *Em busca de Espinosa*: prazer e dor na ciência dos sentimentos. Adaptação para o português do Brasil de Laura Teixeira Motta. São Paulo: Companhia das Letras, 2004.

DAVIS, M. Measuring individual differences in empathy: Evidence for a multidimensional approach. *Journal of Personality and Social Psychology*, localidade, 1983 - Pesquisar (bing.com). Acesso em: 14 dez. 2023.

DELEUZE, Gilles. *Critique et clinique*. Paris: Les Editions Minuit, 1993.

DELEUZE, Gilles. *Imanência*: uma vida. *Educação & Realidade*. Tradução de Jorge Vasconcellos e Hércules Quintanilha. 1997, n. 27. Disponível - Pesquisar (bing.com). Acesso em: 14 ago. 2023.

DELEUZE, Gilles. *Lógica do sentido*. Tradução de Luiz Roberto Salinas Fortes. São Paulo: Perspectiva, 2000.

DELEUZE, Gilles. *Cartas e outros textos*. Tradução de Luiz B. L. Orlandi. São Paulo: N-1 Edições, 2018.

DELEUZE, Gilles; GUATTARI, Félix. *Kafka*: para uma literatura menor. Tradução de Rafael Godinho. Lisboa: Assírio & Alvim, 2002.

DELEUZE, Gilles; GUATTARI, Félix. *Mil platôs*: como fazer para si um corpo sem órgãos. Tradução de Aurélio de Guerra Neto. São Paulo: Editora 34, 1996. v. 1.

DELEUZE, Gilles; GUATTARI, Félix. *Mil platôs*: como fazer para si um corpo sem órgãos. Tradução de Aurélio de Guerra Neto. São Paulo: Editora 34, 1996. v. 3.

DELEUZE, Gilles; GUATTARI, Félix. *Mille Plateaux* Capitalisme et schizophrénie 2. Paris: Les Éditions De Minuit, 1980.

DIAS, Sousa. *Lógica do acontecimento*: Deleuze e a filosofia. Porto, Portugal: Edições Afrontamento, 1995.

DOLTO, Françoise; SÉVÉRIN, Gerard. *O evangelho à luz da psicanálise,* volume 1. Tradução de Isis Maria Borges. Rio de Janeiro: Imago, 1979.

DOSTOIÉVISKI, Fiodor. O subsolo. *In*: DOSTOIÉVISKI, Fiodor. *Os mais brilhantes contos de Dostoiévski*. Tradução de Ruth Guimarães. Rio de Janeiro: Edições de Ouro, 1970.

ENERGIA pura. [POWDER]. Direção de Victor Salva. Estados Unidos: Caravan Pictures, 1995

EPITETO. *A arte de viver*: uma nova interpretação de Sharon Lebell. Tradução de Maria Luiza Newlands da Silveira. Rio de Janeiro: Sextante, 2018.

ESPINOSA, Baruch de. *Ética*: da origem e da natureza dos afectos. Tradução de Tomaz Tadeu. Lisboa: Relógio D'Água, 2020.

FERRY, Luc. *Homem Deus*: ou o sentido da vida. Tradução de Jorge Bastos. Rio de Janeiro: Difel, 2007.

FERRY, Luc. *A sabedoria dos mitos gregos*: aprender a viver II. Tradução de Jorge Bastos. Rio de Janeiro: Objetiva, 2009.

FOUCAULT, Michel. *Vigiar e punir*: nascimento da prisão. Tradução de Raquel Ramalhete. Petrópolis: Vozes, 2003.

FOUCAULT, Michel. *A ordem do discurso*. Tradução de Laura Fraga de Almeida Sampaio. São Paulo: Edições Loyola, 1970.

FROMM, Erich. *A arte de amar*. Tradução de Milton Amado. São Paulo: Martins Fontes, 2015.

GUATTARI, Félix. *A paixão das máquinas*: O reencantamento do concreto, cadernos de subjetividade. São Paulo: Hucitec, 2003.

GIACOIA JR., Oswaldo. *Nietzsche como psicólogo*. Rio de Janeiro: Zahar, 2006.

HAN, Byunh-Chul. *Sociedade paliativa*: a dor hoje. Tradução de Lucas Machado. Petrópolis: Vozes, 2021.

HAN, Byung-Chul. *A sociedade do cansaço*. Tradução de Enio Paulo Giachini. Petrópolis: Vozes, s.d.

KAFKA, Franz. *28 desaforismos*. Tradução de Silveira de Souza. Florianópolis: Editora da Universidade Federal de Santa Catarina; Bernúncia, 2011.

KAFKA, Franz. *O processo*. Tradução Petê Rissatti. Rio de Janeiro: Antofágica, 2022.

KANDEL, Erick. *Princípios de neurociências*. Tradução de Ana Lúcia Severo Rodrigues. Porto Alegre: Artmed, 2014.

KIEKEGAARD, Søren. *O desespero humano*. Tradução de Alex Martins. São Paulo: Martin Claret, 2002.

KIERKEGAARD, Søren . *O desespero humano*. Tradução de Adolfo Casais Monteiro. São Paulo: Editora Unesp, 2010.

KOLITZ, Zvi. *Yossel Rakover dirige-se a Deus*. Tradução de Fábio Landa. São Paulo: Perspectiva, 2003.

LECLERCQ, Stéfan. *Deleuze et les bébés*: concepts. Número fora de série sobre Gilles Deleuze. Tradução de Tomas Tadeu da Silva. Paris: Sils Maria Édition, 2002. Disponível em: http://www.ufrgs.br/faced/tomaz/im_criancas.htm. Acesso em: 24 set. 2023.

MACHADO, Roberto. *Nietzsche e a verdade*. São Paulo: Paz e Terra, 2017.

MANCUSO, Stefano. *Revolução das plantas*: um novo modelo para o futuro. Tradução de Regina Silva. São Paulo: Ubu, 2019.

MANCUSO, Stefano. *A planta do mundo*. Tradução de Regina Silva. São Paulo: Ubu, 2021.

MONTEFIORE, Simon Sebag. *Titãs da história*: os gigantes que mudaram o nosso mundo. Tradução de Renato Marques. São Paulo: Planeta do Brasil, 2018.

NIETZSCHE, Frederic. *Além do bem e do mal*. Tradução de Márcio Pugliesi. São Paulo: Companhia de Bolso, 2005.

NIETZSCHE, F. *A genealogia da moral*. Paulo César de Souza. Petrópolis: Vozes, 2009.

NIETZSCHE, Frederic. *Assim falou Zaratustra*. Paulo César de Souza. São Paulo: Civilização Brasileira, 2020.

PROUST, Marcel. *Em busca do tempo perdido*. Tradução de Fernando Py. Rio de Janeiro: Ediouro, 2009.

RAGO, Margareth; VEIGA-NETO, Alfredo. *Imagens de Foucault e Deleuze*: ressonâncias nietzschianas. São Paulo: DP&A, 2002.

ROUDINESCO, Élisabeth. *A família em desordem*. Tradução de André Telles. Rio de Janeiro: Jorge Zahar Editor, 2003.

ROSA, G. O que a história tem a dizer sobre Jesus. *Veja*, 2013. Disponível em: https://veja.abril.com.br/ciencia/o-que-a-historia-tem-a-dizer-sobre-jesus/. Acesso em: 14 ago. 2023.

SÊNECA. *Sobre a brevidade da vida*. Tradução de José Eduardo S. Lohner. São Paulo: Companhia das Letras, 2017.

VIRGÍLIO. Geórgicas. *In*: SÊNECA. *Sobre a brevidade da vida*. São Paulo: Companhia das Letras, 2017, v. III.

WHITE, Ellen. *Testemunhos para a igreja*. São Paulo: Casa Publicadora Brasileira, 2004, v. 5.

WHITE, Ellen. *Parábolas de Jesus*. Livro - Parábolas de Jesus | Ellen G. White Books (cpb.com.br), p. 165. Acesso em: 14 dez. 2023.

WHITE, Ellen. *Medicina e salvação*. Livro - Medicina e Salvação | Ellen G. White Books (cpb.com.br). Acesso em: 14 dez. 2023.

WHITE, Ellen. *O desejado de todas as nações*. São Paulo: Casa Publicadora Brasileira, 2022.

ŽIŽEK, Slavoj. *Arriscar o impossível*. Tradução Vera Ribeiro. São Paulo: Martins Fontes, 2006.